DANS LA TÊTE DE MA PSY

DR SYLVIE WIEVIORKA

DANS LA TÊTE DE MA PSY

ET COMMENT CHOISIR LE SIEN

humenSciences

Prolongez l'expérience avec la newsletter de Cogito sur www.humensciences.com

ISBN : 978-2-3793-1320-2

Dépôt légal : janvier 2021

170 bis, boulevard du Montparnasse, 75014 Paris
Tél. : 01 55 42 84 00
www.humensciences.com

SOMMAIRE

INTRODUCTION À CE VOYAGE DANS MA TÊTE 7

1. QUI CROIT EN DIEU VERRA DES MIRACLES 13
   Un système de croyances 15
   Changer d'abord, comprendre ensuite 22
   Un cadre précis à respecter 26
   Ce n'est pas parce qu'un patient croit en ce qu'il dit que c'est vrai 29
   Ce qui est un problème pour moi ne l'est pas forcément pour le patient 34

2. DANS LA JUNGLE DES PSYCHOTHÉRAPIES 45
   Autrefois réservée aux aliénés 48
   La notion de « normalité » 51
   La psychanalyse et les psychothérapies d'inspiration analytique 54
   Les TCC ou thérapies cognitivo-comportementales 61
   Les thérapies familiales systémiques 66
   Le développement personnel 74
   Comment choisir sa psychothérapie 80
   Mes conseils 84

3. *THE PROOF OF THE RECIPE IS IN THE PUDDING* 87
   L'évaluation impossible 90

4. CHOISIR SON PSY 109
   Psychiatre, psychologue, psychanalyste, psychothérapeute… Comment s'y retrouver ? 109

Comment sont formés les psys 112
L'alliance thérapeutique 120
Pourquoi et comment faire confiance à son psy ? 125
Suggestion ou manipulation 131

5. CINQ (BONNES ?) RAISONS DE NE PAS ALLER VOIR UN PSY ALORS QU'ON POURRAIT EN AVOIR BESOIN 139
Je n'ai pas besoin d'aide, je vais m'en sortir tout seul 140
Un cas particulier : l'aide sous contrainte 145
Le psy va vouloir contrôler ma vie 149
Hors de question de me confier à un(e) inconnu(e) 152
Faut-il sélectionner son psy selon son appartenance politique et les valeurs qu'il défend ? 156
Les psys, c'est pour les fous 158
Ça ne sert à rien, ça ne marche pas 161

6. ÉLOGE DE L'ÉCLECTISME EN PSYCHOTHÉRAPIE 167
Passer de « Je crois ce que je vois » à « Je vois ce que je crois » 170
D'où viennent les bonnes idées ? 175
Changer les règles dans l'intérêt du patient 182

POUR CONCLURE 193

NOTES BIBLIOGRAPHIQUES 197

REMERCIEMENTS 201

INTRODUCTION À CE VOYAGE DANS MA TÊTE

« Et vous, qu'est-ce que vous faites dans la vie ?

– Eh bien, je suis psychiatre. »

Très souvent, j'observe que mon interlocuteur a un léger mouvement de recul…

Le métier de psy suscite de la méfiance. Que peut-il bien se passer derrière nos portes closes, dans ce huis-clos entre le patient et son psychothérapeute ? On nous soupçonne d'être pervers, manipulateurs. On nous prête la capacité de deviner ce que chacun pense et ressent. Rien de tout cela n'est vrai, mais… rien n'est tout à fait faux non plus.

Je le reconnais, être psy n'est pas un métier banal. Et le nombre de personnes qui font appel à nos services ne cesse d'augmenter. C'est pourquoi j'ai voulu écrire ce livre. Pour donner accès à la façon dont une psy travaille, réfléchit et se pose (encore) certaines questions, après plus de quarante ans de pratique.

J'ai essayé de distinguer ce que je sais de ce que je crois. L'exercice n'est pas simple, ces deux instances peuvent parfois se confondre. Comme psychiatre, j'ai appris et je sais un certain nombre de choses, savoir que je partage avec l'ensemble de la profession. Je *sais* ainsi que le sentiment d'incurabilité fait partie de la maladie dépressive, je *sais* que la bipolarité nécessite un traitement pour prévenir les rechutes. Ce savoir peut évoluer, c'est le propre de toute connaissance que de chercher à approcher au mieux la vérité et de progresser en corrigeant ses erreurs. On pensait que l'autisme était d'origine psychologique, on sait aujourd'hui que de multiples gènes sont impliqués, l'hypothèse de la mère pathogène a été réfutée, le traitement de l'autisme a été profondément modifié. De même, l'alcoolique ne pouvait s'améliorer qu'au prix d'une abstinence totale et définitive, nous avons appris que d'autres issues étaient possibles (réguler sa consommation, s'abstenir de consommer certaines boissons dangereuses) et, là encore, la façon de travailler n'est plus la même.

En matière de psychothérapie, j'ai appris beaucoup en lisant, en me formant, en échangeant avec des collègues et auprès des patients. Là aussi il y a des notions qui participent d'un savoir commun. Il est ainsi largement établi que n'importe quelle psychothérapie vaut mieux que rien du tout pour la prise en charge des souffrances psychiques. La nécessité de nouer une alliance thérapeutique, d'être convenablement formé à la technique que l'on utilise et de croire en son efficacité fait partie des fondements indiscutables de toute pratique. Certaines convictions sont communes aux psys qui se reconnaissent dans un modèle donné. Les écoles sont nombreuses et ce n'est pas un mal, au contraire, ainsi l'offre de soins proposés reste multiple.

En revanche, il est des croyances qui appartiennent en propre à chaque praticien. Chacun de nous a ses convictions, ses préjugés, ses idées reçues. Certains psys croient en Dieu, d'autres pas. Je considère qu'il est important pour une femme de ne pas dépendre matériellement de son conjoint, tout le monde n'est pas de cet avis. La conception du monde de chaque praticien colore inévitablement sa façon de pratiquer la psychothérapie, mais la formation et la technique doivent permettre de tout faire pour que ce que l'on croit ne soit pas une gêne pour la thérapie et parfois même devienne une richesse.

Je vais m'efforcer, à partir de ma longue expérience, de faire ressentir et comprendre comment la psy que je suis construit ses interventions. Je devrai cependant quelquefois parler de sujets dont je n'ai pour l'essentiel qu'une connaissance intellectuelle tels que la psychanalyse, les thérapies cognitivo-comportementales. J'espère ne pas caricaturer ces théories. J'ai également choisi de ne décrire qu'un nombre limité de modèles de psychothérapie, je ne parlerai (entre autres) ni de l'hypnose ericksonnienne*, ni du psychodrame**, ni de

* Thérapie brève qui vise à modifier légèrement l'état de conscience du patient afin d'accéder à l'inconscient.

** Forme de thérapie utilisant la théâtralisation au moyen de scénarios improvisés mettant en scène les conflits psychiques internes, elle se pratique en individuel, en groupe ou en famille.

l'EDMR*... Dresser un catalogue exhaustif des diverses psychothérapies n'est pas l'objectif de ce livre.

Il est difficile de faire le tri entre ce qui m'appartient en propre et ce que je partage avec beaucoup d'autres confrères et consœurs. J'assume ma personnalité, mon histoire. Je suis parvenue à un âge (70 ans !) où c'est relativement facile, je suis moins préoccupée par le besoin d'être reconnue et intégrée que lorsque j'avais 20 ans et je suis sans doute moins conformiste.

Je vais parler de moi parce que le métier de psy est incarné : cela signifie que la personne qui le pratique compte au moins autant que la technique. Je considère qu'il est impossible de faire ressentir avec un tant soit peu d'authenticité ce qui se joue dans ma relation avec les patients sans donner quelques clés qui permettent de comprendre qui je suis. Il a fallu pour cela que je me départisse de la réserve qui est classiquement de mise pour les psys, comme pour les médecins. Je me trouve dans cette démarche en plein accord avec le psychiatre et écrivain Irvin Yalom quand il souligne qu'à partir du moment où nous sommes tous, psys comme patients, souffrants et mortels, nous devons faire de la sincérité un impératif et n'avons nul besoin de nous montrer irréprochables ou insensibles.

J'aime avoir le sentiment de choisir les contraintes que j'accepte alors de respecter sans difficulté et j'apprécie tout autant de croire qu'il en est de même pour autrui. Donner des conseils, pourquoi pas, chacun est libre de les suivre ou

* Technique fondée sur les mouvements oculaires qui permet le retraitement des informations traumatisantes.

pas. Guider la vie de mes patients, leur dire ce qui est bon ou mauvais pour eux ne me semble ni possible, ni surtout souhaitable. Je suis contre ces livres de recettes que le lecteur est invité à suivre pour réussir sa vie. Chacun doit se sentir libre de faire ce qu'il veut et ce qu'il peut de sa vie.

J'ai donc conçu ce livre pour qu'il puisse aider ses lecteurs sans être directif.

Je n'ai jamais regretté d'avoir choisi ce métier. L'entre-soi est un piège. Mes amis et ma famille me ressemblent. Être psy m'a permis de sortir de mon monde. L'agricultrice picarde qui consulte pour savoir si son mari qui s'est suicidé a pensé à elle avant de mourir, la mère de famille toxicomane qui essaye d'élever correctement ses enfants, le jeune homme schizophrène qui veut devenir infirmier, la femme qui conteste à son compagnon le droit de la battre car « on n'est pas mariés », la dame âgée qui a bien supporté le décès de son mari mais se déprime quand son chien meurt… Ce métier à nul autre pareil a rendu possibles ces rencontres et bien d'autres encore. Ces patients et patientes m'ont offert un accès à des modes de vie et de pensée différents du mien. J'en suis sortie parfois ébranlée, toujours humainement plus riche.

Enfin, j'espère que ce voyage dans ma tête contribuera à éclairer ceux que le métier de psy intéresse, comme à rassurer ceux qui veulent consulter mais ne savent pas comment faire, à qui se fier. La connaissance vaut toujours mieux que l'ignorance. C'est à cela que servent les livres.

1

QUI CROIT EN DIEU VERRA DES MIRACLES

En 1987, j'assiste à Rome à un congrès de thérapie familiale sur les couples en crise. Je suis chef d'un service de psychiatrie publique dans la Somme et je viens d'achever une formation à la psychothérapie familiale. Je suis vivement intéressée par cette façon de centrer la prise en charge non plus sur l'individu souffrant, comme on me l'a enseigné tout au long de mes études, mais sur les relations de couple ou de famille. Ce congrès s'annonce passionnant, car tous les ténors de la discipline sont présents. Sur scène, deux éminents praticiens se livrent à une thérapie simulée d'un couple en crise. Deux étudiants jouent le mari et la femme, et chaque psy montre comment il interviendrait dans la situation de crise présentée. À la fin de l'exercice, le faux mari et son épouse doivent dire ce qu'ils ont ressenti et pensé des interventions des deux professionnels. Cet exercice, appelé simulation, est un classique des congrès et des formations en thérapie familiale. Il permet à des étudiants de s'entraîner quand ils jouent le thérapeute et de partager ce que ressent la famille ou le couple en thérapie quand ils incarnent un de ses membres.

La simulation se termine, le couple commente le travail du Pr A. Mari et femme disent combien ils ont été soulagés par son intervention, ils en soulignent la pertinence et le remercient chaleureusement. Pr A demande alors au Pr B ce qu'il a pensé de son travail. C'est alors que le Pr B a cette phrase magnifique : « Qui croit en Dieu verra des miracles. »

Comme tout milieu professionnel, celui de la psychothérapie est traversé par des rivalités, des querelles, des inimitiés. On pourrait penser que s'agissant de psys, les protagonistes de cette scène sont au clair avec leur subjectivité et leurs affects. Une longue expérience m'a largement convaincue que c'est loin d'être toujours le cas. Dans la situation décrite ici, les deux *maîtres* sont en rivalité pour séduire un public nombreux composé de professionnels et d'étudiants et affirmer ainsi leur prééminence. C'est pourquoi le Pr A s'attire de la part du Pr B un commentaire qui en dit plus sur la nature de leur relation que sur la qualité du travail accompli. Le couple interrogé à l'issue de la simulation n'a pas les mêmes enjeux. Mais son jugement aussi peut être biaisé, il peut vouloir faire plaisir au Pr A, se montrer *bon élève*.

Qu'on me comprenne bien : les participants à cette simulation sont sans nul doute sincères, ils croient à ce qu'ils disent, ils ont vraiment trouvé l'intervention du Pr A pertinente. Pour autant, ils ne peuvent s'extraire complètement du contexte dans lequel ils se trouvent, ici le cadre d'un congrès où se rencontrent des élèves de diverses écoles européennes et nord-américaines de thérapie familiale pour y entendre leurs principaux leaders. Ils ne peuvent pas non plus faire abstraction de leur expérience personnelle, de leur formation, de l'école à laquelle ils appartiennent, bref de leur système de croyance. C'est là que la formule assassine du Pr B trouve toute sa force : si je crois vraiment que le Pr A est un grand professionnel (Dieu), je verrai une intervention brillante (un miracle). Si je suis non croyant, verrai-je la même chose ? Il est permis d'en douter. L'intervention du Pr B sape toute possibilité de tenir pour vrais les propos du couple, mais, si on y réfléchit bien, cela vaut également pour n'importe quel commentaire, y compris ceux du Pr B bien sûr, sauf à le prendre pour Dieu…

Contrairement à la formule célèbre attribuée à Saint Thomas, dans un domaine saturé de subjectivité comme la psychothérapie, on voit ce que l'on croit et non l'inverse.

Est-ce un problème ? Existe-t-il des croyances qui sont favorables à l'exercice du métier de psy, ou bien à l'inverse qui l'entravent ? La question se pose dans des termes identiques pour les patients. Puisque l'on ne peut pas ne pas croire (ne croire en rien est en soi une croyance), il va bien falloir *faire avec*. Mais comment ?

UN SYSTÈME DE CROYANCES

Si je réfléchis à la façon dont j'ai, au fil des années, construit mon système de croyance, je dois faire un détour par mon histoire personnelle. Le passé est censé éclairer le présent, la plupart des théories du psychisme fonctionnent ainsi : il faut chercher dans l'histoire d'un sujet et de sa famille les causes de ses souffrances actuelles. La causalité n'a pas ici la force d'une causalité scientifique, une même cause n'entraînera pas toujours des conséquences identiques. Nos croyances trouvent leur source dans notre éducation, notre histoire personnelle et familiale, nos expériences au sens le plus large (j'y inclus nos expériences culturelles : musiques, films, livres, etc.).

Je resterai prudente. Pour que ma trajectoire soit cohérente et intelligible à mes yeux comme à ceux des autres, je vais être amenée à ordonner et à sélectionner, fût-ce en toute bonne foi, les événements qui expliquent, justifient, confirment qui je suis devenue. Je ne vois pas le moyen de faire autrement, mais j'invite le lecteur à exercer son esprit critique et à ne pas prendre pour argent comptant un récit de vie nécessairement subjectif et construit à des fins démonstratives. Le mien n'a aucune prétention scientifique. Si je m'efforce d'être sincère et de construire une histoire conforme aux faits, cela ne confère à mes propos aucun caractère de vérité.

Je suis née dans une famille juive d'origine polonaise qui a été lourdement touchée par l'extermination des Juifs lors de la Seconde Guerre mondiale. Mon père a perdu presque toute sa famille en déportation, ma grand-mère maternelle a été tuée en traversant la ligne de démarcation, mon oncle maternel fut un des rares rescapés d'Auschwitz. Mes parents étaient athées, de gauche, très attachés à la fois au judaïsme et à la France. Ils avaient manifesté en 1948 contre la création de l'État d'Israël, considérant qu'après la Shoah, la solution pour les Juifs était de s'intégrer dans les pays où ils vivaient plutôt que de créer leur propre État.

Si je sélectionne quelques expériences qui me semblent pouvoir éclairer la façon dont j'ai exercé mon métier de psy, celle de la maladie me vient tout de suite à l'esprit. J'ai eu, à l'âge de dix ans, un rhumatisme articulaire aigu, qui m'a valu un séjour à l'hôpital, puis en maison de repos pendant trois mois. J'y ai connu la maladie et surtout la solitude. Les visites n'étaient autorisées qu'une fois par semaine, aucun contact téléphonique. J'ai passé le mois d'août sans voir mes parents, qui étaient partis en vacances avec leurs autres enfants... C'est à ce moment-là que j'ai décidé de devenir médecin.

Comme dans beaucoup de familles de ma génération, ma mère était en charge de l'éducation des enfants (nous étions quatre) tandis que mon père s'occupait à gagner de quoi nous faire vivre. Mais pour ma mère, le travail en général et les études en particulier étaient choses essentielles. Je devais être bonne élève, maîtriser parfaitement la langue française – on ne dit pas « basé sur » mais « fondé sur », « artistiquement » mais « artistement » – et le calcul mental. Le corps des filles ne devait pas être exhibé, ma sœur et moi portions des vêtements amples, des soutiens-gorge serrés. Nous devions tout à la fois être conscients de nos singularités (Juifs, de gauche non communiste, éduqués dans le respect de la littérature et de la musique classiques) et ne pas se faire remarquer. J'ai retrouvé en lisant *La honte* d'Annie Ernaux[1] une partie de l'ambiance de mon enfance et de mon adolescence, quoique dans un milieu très différent. L'époque n'était pas à l'affirmation des singularités identitaires. Il fallait gommer ses spécificités, se couler dans le moule de la méritocratie républicaine. Si on avait la fibre contestataire, l'appartenance à un groupe qui prônait la lutte de classe et la fraternité permettait de trouver un exutoire. Les aspects intimes étaient secondaires, on gardait sa honte pour soi et on faisait avec.

Après 1968, je me suis *naturellement* engagée dans une organisation maoïste radicale. J'ai alors interrompu mes études de médecine pour être militante à temps plein et travailler en usine. L'organisation à laquelle j'appartenais et pour laquelle je vivais s'est autodissoute en 1973. Après l'assassinat du militant Pierre Overney devant les usines Renault en 1972, le risque réel d'une dérive terroriste s'est posé et les dirigeants de l'organisation ont décidé de mettre fin à l'aventure. Cette période a été pour moi, alors âgée de 23 ans, l'occasion d'une remise en question douloureuse et dont les effets se font sentir encore aujourd'hui. Je crois sincèrement que j'aurais pu devenir terroriste si l'organisation à laquelle j'appartenais avait continué sur cette voie. Ne pas se déjuger, ne pas trahir ses amis, renoncer à tout esprit critique pour rester intégrée au groupe, tout ceci a été pour moi une motivation puissante, d'autant plus forte que je redoutais l'isolement et la solitude. Aujourd'hui on se demande comment certains jeunes éduqués dans des familles solides et attentives peuvent adhérer à Daech et commettre tous ces crimes. L'historien Olivier Roy[2] expose que c'est la quête de radicalité qui explique l'adhésion à l'islam radical de la génération actuelle, plutôt qu'une spécificité de l'islam qui serait porteur en lui-même d'une dérive terroriste. Autrement dit, la croyance absolue et l'adhésion à une doctrine qui va déterminer votre vie entière (sans parler de celle des autres) ne sont bien souvent que la conséquence du besoin exacerbé d'appartenir à un groupe et de conserver l'estime de ses membres. C'est en tous les cas l'expérience qui fut la mienne lors de mes « années Mao ». J'ai en cela, et sans le savoir, suivi Blaise Pascal, qui dit en substance que peu importe que l'on croie en Dieu ou pas, il suffit de se mettre à genoux et de prier, on finira bien par croire. Mais une fois qu'on vit comme un croyant, on n'a d'autre solution que de croire. Et si l'on veut vivre pleinement sa foi, il faut croire absolument.

J'ai gardé de cette expérience une réelle difficulté à adhérer pleinement et sans réserve à quelque théorie, école, groupe, corpus de pensée que ce soit. J'ai perçu *a posteriori* combien il pouvait être dangereux pour moi d'abandonner tout esprit critique, j'ai ainsi développé une forme de scepticisme qui ne m'a jamais quittée.

J'ai eu la chance d'avoir une trajectoire de vie qui n'a pas été linéaire et qui m'a ainsi permis de rencontrer des situations et des personnes variées. Je suis devenue psychiatre un peu par hasard. En 1973, ayant terminé mes études de médecine, reprises après la dissolution des maos, je pensais travailler à temps partiel et me consacrer à mon épanouissement personnel, laissé de côté pendant toutes ces années de militantisme. J'ai alors trouvé un emploi de médecin généraliste dans un service de psychiatrie. Il ne m'a pas fallu longtemps pour avoir envie de devenir psychiatre. J'ai par la suite complété mon cursus universitaire par une formation à l'approche systémique et la thérapie familiale. Cette formation a joué un rôle extrêmement important sur la façon dont j'ai exercé mon métier de psy. Elle m'a permis d'utiliser, sans entrave inutile, mes capacités comme mes limites, et de trouver un mode d'intervention spécifique, un style qui m'a convenu. Cette formation, d'une durée de trois ans, consistait en un regroupement, deux jours par mois, d'une quinzaine d'étudiants psychiatres, psychologues, infirmiers, travailleurs sociaux autour d'un formateur, Mony Elkaïm[3]. Les aspects personnels, les problématiques individuelles, professionnelles et institutionnelles y étaient traités, chaque étudiant devant apporter des « situations » qui faisaient l'objet de questions et d'interventions du formateur comme des autres élèves. La formation dispensée par Elkaïm implique pour l'étudiant un travail sur lui-même. Il ne s'agit pas de perfectionnement individuel mais d'apprendre à utiliser au mieux ses singularités personnelles pour aider le système (en clair la famille) qui demande à changer. Dès le début de ma formation, j'ai compris que si je voulais en tirer pleinement profit, je devais abandonner, si ce n'est mon esprit critique, du moins l'idée de contester systématiquement le modèle et la façon de faire du formateur. Je n'étais pas, bien sûr, d'accord avec tout. Le style et la personnalité d'Elkaïm pouvaient à certains moments m'agacer. Mais j'ai choisi de passer outre et de *jouer le jeu*. Je ne l'ai jamais regretté. Je ne suis pas devenue une disciple zélée, mais j'ai retenu de l'enseignement reçu ce que j'ai jugé bon de prendre, sans devoir renoncer à ma personnalité ou à mes valeurs. Je ne sais pas si les patients que j'ai rencontrés tout au long de mes années de pratique professionnelle s'en sont mieux portés, mais je crois sincèrement y avoir gagné en liberté et en créativité.

Ma famille et l'éducation que j'ai reçue m'ont donné une structure intellectuelle solide et une certaine confiance en mes capacités qui m'ont été bien utiles. Sur le plan affectif, je dirais que ce fut plus complexe et que je dois beaucoup dans ce domaine aux rencontres amicales, militantes et amoureuses que j'ai pu faire tout au long de ma vie, ainsi qu'à la formation et à l'exercice au quotidien de la profession de psy. J'ai, comme tous mes collègues, exercé mon métier, appuyée sur un socle de croyances issues de mon expérience dans toutes ses dimensions : personnelle, sociale et culturelle. Sauf que ces croyances qui, dans leur expression la plus vigoureuse, ont la force de réelles convictions se distinguent d'un savoir par leur caractère éminemment subjectif, non réfutable, qui rend difficile voire impossible toute évaluation de leur validité. Un os sur lequel est tombé l'Inserm* lorsqu'il a tenté d'évaluer scientifiquement l'efficacité des différentes psychothérapies : « La croyance de chaque psychothérapeute en la valeur du système auquel il adhère, croyance dont le fondement est rarement rationnel, représente un autre problème. Développer un programme de recherche, autrement dit formuler un système psychothérapeutique sous la forme d'un ensemble d'hypothèses testables, consiste à prendre le risque de voir ses croyances s'effondrer, et d'être obligé de modifier sa pratique[4]. »

Même si cela peut sembler paradoxal, scepticisme et convictions ne s'opposent pas forcément. Dans son *Vocabulaire philosophique*, Armand Cuvillier définit le scepticisme comme « une doctrine selon laquelle l'esprit humain ne peut rien connaître avec certitude et qui conclut à la suspension du jugement et au doute permanent », il « se nie en se posant comme vrai[5] ». Mais le scepticisme ne doit pas devenir un dogme, sauf à se déjuger. Croire en la valeur d'un système psychothérapeutique et en déduire un modèle d'intervention pratique dont les effets valident immanquablement la théorie s'apparente à une autre forme de dogmatisme. Entre ces deux écueils, scepticisme absolu ou croyance absolue, il doit bien exister une voie de passage.

---

* Institut national de la santé et de la recherche médicale.

N'appartenant à aucune école instituée de psychothérapie, j'ai construit au fil des années mon propre système, non formalisé, qui s'est alimenté d'expériences multiples, personnelles comme professionnelles. J'ai étudié, j'ai lu, j'ai assisté à des séminaires, je me suis formée de diverses façons et j'ai eu la liberté de prendre chez les uns et les autres ce qui m'a paru utile et pertinent pour faire mon travail. Je n'ai inventé aucune des idées développées ici, je les ai empruntées et les ai faites miennes. Elles sont alors devenues des outils précieux.

CHANGER D'ABORD, COMPRENDRE ENSUITE

La psychothérapie s'adresse à des personnes qui souffrent. Elle se différencie en cela des techniques de développement personnel et du coaching, qui n'ont pas pour objet spécifique de soulager la souffrance. Les individus, les couples ou les familles qui s'engagent dans un processus de psychothérapie le font parce qu'ils vivent des situations douloureuses et aspirent à aller mieux.

Il y a toujours un premier entretien, qui, du point de vue du psy, vise à faire connaissance avec la (ou les) personne(s) qui demande(nt) de l'aide et à appréhender la nature du problème posé. En thérapie comme en amour, le premier regard est souvent le bon. La façon dont se déroule cet échange initial peut être déterminante pour la suite de la relation thérapeutique.

« Bonjour docteur.

– Que puis-je pour vous ?

– Je voudrais comprendre pourquoi [au choix] je me drogue, je suis alcoolique, je suis déprimé, angoissé…

– Vous voulez comprendre pourquoi, ou vous voulez arrêter de [au choix] vous droguer, boire, être déprimé, angoissé ?

– Je ne comprends pas votre question. Je veux comprendre pourquoi, et alors seulement je pourrai changer. »

Spontanément, la plupart des personnes font ce lien entre compréhension et changement. Ce raisonnement repose sur l'idée que le trouble qui amène à consulter un psy a une origine psychogène, une cause. Traiter la cause – comprendre le pourquoi – fera disparaître la conséquence – les symptômes.

Cette idée se heurte à deux écueils. Tout d'abord, certains (tous ?) troubles psychiques, indépendamment de leur gravité, ont une origine organique. La psychiatrie est une spécialité médicale, on met à juste titre en garde les futurs psychiatres contre le risque de négliger cette possibilité. Une tumeur au cerveau ou une forte fièvre peuvent amener le sujet à délirer. Le traitement consiste à soigner la cause quand c'est possible.

Quand j'étais étudiante, on nous apprenait que l'autisme était dû à un grave trouble de la relation mère-enfant. Le traitement privilégié était la séparation d'avec la mère pathogène et la psychothérapie d'inspiration analytique pour l'enfant. Aujourd'hui, l'origine génétique est considérée comme déterminante. Il n'existe pas de traitement de la cause à proprement parler, une multitude de gènes étant impliqués, mais le regard porté sur les parents et sur leur place dans la prise en charge de leur enfant a considérablement changé…

Le seul fait d'aller consulter un psy implique une croyance implicite en la nature psychique des troubles que l'on entend soigner. On ne va pas chez le boucher pour acheter du pain. Une fois éliminée l'hypothèse, exceptionnelle en pratique, d'une cause organique curable, la plupart des demandes de soutien psy concernent des problèmes perçus comme relevant de ce domaine.

Le deuxième écueil, le plus fréquemment rencontré, concerne le lien fait entre compréhension et changement. Pour changer un comportement qui pose problème, pour se débarrasser de ce qui fait souffrir, il faudrait, pense-t-on, en comprendre les raisons : si je sais pourquoi je souffre, alors je ne souffrirai plus. Cela ne se passe pas toujours ainsi. Il existe des personnes qui ont un niveau de compréhension de leur histoire comme de leur fonctionnement psychique conscient extrêmement subtil, et qui pourtant se montrent incapables de changer. À l'inverse, certaines personnes changent sans qu'à aucun moment elles n'aient compris ni pourquoi ni comment. Je laisse de côté pour l'instant la question de l'impact sur les symptômes de la psychanalyse, qui ne se revendique d'ailleurs pas d'être une psychothérapie. Je traiterai ce point dans le deuxième chapitre (« Dans la jungle des psychothérapies »). Comme le disait Jacques Lacan[6] (1901-1981), psychanalyste français fondateur d'une école qui prône un retour à une forme d'orthodoxie freudienne en psychanalyse, la guérison arrive « de surcroît »…

Lors du premier entretien, le patient va donner mandat au psy d'utiliser ses compétences pour l'aider à souffrir moins. Il existe de nombreuses techniques de psychothérapie, qui toutes posent la question éthique de l'influence du psy sur les patients. Peut-on éliminer la suggestion, voire la manipulation dans une relation profondément inégale, engageant d'une part quelqu'un qui souffre et qui est en demande, et d'autre part un psy censé disposer d'un savoir et d'une technique qu'il espère efficaces ? C'est parce que cette question se pose qu'il est important de définir aussi explicitement que possible, et dès le début, ce que l'on se propose de faire. Mettre en œuvre des techniques visant au changement, ce n'est pas tout à fait la même chose que se proposer d'aider le sujet à comprendre. Je me suis toujours clairement située du côté du changement. Une de mes convictions fortes est que l'on ne peut triompher de ses difficultés existentielles sans modifier son rapport personnel au monde. Cette idée qui frôle l'évidence n'est pas partagée par tout le monde. J'ai vu beaucoup de patients malheureux dans leur couple, leur famille ou au travail venir en thérapie pour demander comment faire pour que l'autre ou leur environnement change, afin qu'ils puissent se sentir mieux. Pour ce type de patients, le problème c'est l'autre.

Une épouse vient en thérapie, déprimée dit-elle, car son mari est un égoïste qui ne se préoccupe pas d'elle. Les enfants ont quitté la maison, elle se sent seule et abandonnée. Comment faire pour que son mari s'occupe un peu mieux d'elle ?

« Madame, votre mari a quel âge ?

– 52 ans.

– Vous êtes mariés depuis combien de temps ?

– 27 ans.

– Avez-vous essayé de faire qu'il soit moins égoïste, qu'il prenne soin de vous ?

– Oh oui ! J'ai tout essayé ! (S'ensuit une description des multiples efforts infructueux pour faire que son mari soit plus attentif à elle : tomber malade, prendre un amant, changer de coiffure…)

– Croyez-vous qu'à son âge, et après tant d'années, il puisse changer ?

– À dire vrai, pas vraiment, il a toujours été comme ça. »

Dans le processus de décrire la situation, la patiente prend conscience du caractère vain de sa demande, qu'elle pourra alors être aidée à reformuler différemment. J'ai souvent vu des patients, après ce type d'échange, quitter mon bureau en disant : « C'est intéressant, je n'avais pas vu la situation comme ça, je vais y réfléchir. » Ce changement de perspective permet de sortir de la répétition des tentatives infructueuses. De nouvelles pistes de réflexion et d'action s'ouvrent que la thérapie va alors explorer.

UN CADRE PRÉCIS À RESPECTER

L'expertise collective de l'Inserm menée en 2004 sur la question de l'évaluation des psychothérapies[7] retient comme définition de la psychothérapie celle de Paul Gérin, auteur de plusieurs ouvrages de référence. La psychothérapie peut être définie comme « un ensemble de méthodes psychologiques dont le but est de soulager la souffrance dans un cadre contractuel[8] ». La question du cadre est donc bien essentielle. Cela paraît évident, mais un cadre clair et respectueux est le seul moyen de limiter, si ce n'est de supprimer complètement, les risques de suggestion ou de manipulation abusives qui sont inhérents à la pratique de la psychothérapie. On pourrait croire que le psy est porteur, à cause de sa formation et de sa vocation, d'une éthique irréprochable. Les contrexemples ne manquent pas, c'est pourquoi il me paraît plus sage de compter sur un cadre clair pour éviter les dérives.

Il faut préciser la fréquence des consultations, leur tarif, et donner des indications sur la durée du traitement, cela va de soi. Mais cela ne suffit pas. Pour qu'une relation soit thérapeutique, il faut que chacun soit à sa place. Le film *Engrenages*[9] met en scène une psychiatre spécialiste de la psychologie des escrocs, qui commet au moins deux fautes professionnelles. La première est de croire que son patient dit la vérité quand il se dit menacé de mort pour des dettes de jeu, la seconde est d'intervenir auprès des personnes que son patient lui indique comme responsables de cette menace. Quittant le terrain de la psychothérapie pour celui de la vie réelle, elle se trouve plongée dans un univers d'arnaqueurs, d'escrocs et d'assassins dans lequel elle finit par se trouver très à l'aise. L'espace de la psychothérapie, quelle que soit la technique employée, doit rester celui d'un travail sur les fantasmes, les sentiments, le discours, le ressenti des patients. Le cadre de la thérapie exclut toute intervention du psy dans la vie réelle des patients.

Pour la psy que je suis, la lecture de *Mensonges sur le divan* d'Irvin Yalom[10] est une expérience troublante. On retrouve dans ce roman un concentré des travers que le public se plaît à attribuer à la profession : cupidité, jalousie, malhonnêteté, lâcheté et j'en passe. Le tout est raconté avec un humour corrosif et un talent de romancier évident, qui met le lecteur dans l'agréable position d'avoir accès aux ressorts intimes de ces psys qui prétendent diriger la conscience de leurs patients. Et ce n'est vraiment pas glorieux… J'ai trouvé l'expérience troublante car j'appartiens à cette corporation dont Yalom décrit les pratiques éthiquement douteuses et les tics intellectuels ridicules. On s'amuse bien mais comment, après la lecture de *Mensonges sur le divan*, faire confiance à un psy ?

Par-delà le plaisir d'une lecture qu'on ne peut que recommander, ce livre pose sérieusement la question de l'importance du respect d'un cadre fixé par la profession à laquelle on appartient, puisqu'il démontre très largement qu'on ne peut pas faire simplement confiance aux Hommes. C'est bien parce qu'ils ne respectent pas le cadre d'intervention strictement défini par la société de psychanalyse à laquelle ils appartiennent que les psys de *Mensonges sur le divan* se trouvent entraînés dans un maelstrom d'où aucun ne ressort indemne.

Dans ces deux fictions, un point important est que ce sont les patients qui amènent les psys à sortir du cadre. On ne peut pas reprocher aux patients de *mentir* à leur psy pour les conduire en quelque sorte à entrer dans leur jeu. En revanche, il aurait suffi que le psy se souvienne que le cadre de la psychothérapie proscrit les relations sexuelles avec le patient ou le fait d'agir sur une personne extérieure désignée par celui-ci pour que tous les ennuis qui découlent de ces transgressions n'aient pas lieu, ce qui nous aurait privés de deux œuvres au demeurant excellentes. Dans la *vraie* vie, les écarts des professionnels, hélas pas exceptionnels, ont sans doute des conséquences moins flamboyantes mais peuvent provoquer bien des désagréments.

Si le cadre protège les patients de possibles abus de la part des professionnels, il prémunit aussi le psy des tentatives d'intrusion, voire de séduction que peuvent exercer certains patients. Chaque psy doit pouvoir définir la distance et le mode de relation qui convient à sa pratique. Il lui faudra parfois se battre pour les faire respecter. Par exemple, ne pas répondre aux questions sur sa vie privée, ne pas prendre en psychothérapie des amis ou des membres de sa famille, même si cela n'est pas toujours facile. C'est le prix à payer pour offrir à ceux que l'on souhaite aider une approche distanciée et éventuellement efficace. Suivre une psychothérapie entraîne d'accepter un certain niveau de frustration : on ne peut pas voir son psy quand on veut, il y a des jours et des heures pour les séances. On ne peut pas avoir avec son psy la relation que l'on souhaite, plus proche ou plus amicale. Le patient tente de faire avec son psy ce qu'il fait avec son entourage et qui, pourtant, lui pose bien souvent problème. Pour lui, la relation thérapeutique fonctionne comme un prototype du mode de relation expérimenté depuis des années. Il fera avec son psy ce qu'il sait faire, c'est bien normal. Le psy doit être capable de changer la donne, en agissant et en réagissant de telle sorte que le patient soit amené à évoluer, à abandonner un fonctionnement répétitif qui le fait souffrir. L'espace de la thérapie est une sorte de laboratoire dans lequel le patient doit pouvoir tester en toute sécurité divers modes de fonctionnement et de relation, afin de choisir librement celui qui lui conviendra le mieux.

CE N'EST PAS PARCE QU'UN PATIENT CROIT EN CE QU'IL DIT QUE C'EST VRAI

Dans ces exemples tirés de la fiction, le patient est délibérément insincère, car il poursuit à travers la manipulation de son psy un objectif caché qui n'a rien à voir avec la thérapie. Cela peut arriver en pratique, mais ce n'est pas la situation la plus fréquente. Le plus souvent les patients sont honnêtes dans leur demande d'aide. La première erreur des psys est de prendre pour argent comptant le discours de leurs patients. Ce point est pour moi fondamental, il ne faut pas confondre sincérité et vérité. Au début du travail thérapeutique, j'ai pris pour habitude d'expliquer au patient que je suis là pour l'aider et que je ne peux travailler qu'avec ce que je sais et ce que je perçois. Quelle qu'en soit la raison, s'il me cache des éléments importants pour le travail que nous devons faire ensemble, la thérapie s'en ressentira forcément. Sauf circonstance particulière (par exemple les patients que l'on reçoit dans le cadre d'une obligation de soins), l'idée de départ est que les personnes qui s'adressent à un psy sont sincères. Elles vont décrire leur situation et leurs problèmes comme elles les voient, en fonction de leur système de croyance sur elles-mêmes comme sur leur entourage, leurs relations, leur vie. Bien sûr, et comme tout un chacun, elles sélectionnent en toute bonne foi les informations qu'elles jugent pertinentes pour faire comprendre à leur interlocuteur ce qui leur arrive. Contrairement à ce qu'aiment à dire certains patients : « docteur, je vous dis tout », nous sommes condamnés à n'avoir qu'une vision tronquée de la réalité.

La question de la vérité et du rapport à la réalité du discours tenu par les patients se pose à tout psy, comme elle se pose à chacun d'entre nous en dehors du contexte spécifique de la psychothérapie. Pour reprendre la formule de celui dont j'ai suivi la formation, Mony Elkaïm, le patient a sa « construction du monde » et le thérapeute la sienne. L'espace de la psychothérapie doit permettre de construire un agencement dynamique entre les deux, bien loin d'un discours de vérité. Tenir pour vrai le discours du patient, au sens où il serait le reflet de l'adéquation avec la réalité, fait obstacle au travail thérapeutique, parce que cela entrave la possibilité pour le psy d'aider le patient à créer une vision alternative à celle qui lui pose problème. Les solutions que l'on peut envisager découlent toujours de la façon dont on pose les problèmes. Telle patiente, dont la consommation d'alcool met la vie familiale et professionnelle en grand danger, relie son alcoolisme à ses difficultés conjugales, décrivant un mari obsessionnel, exclusivement centré sur lui-même, envahi par son travail, agressif à l'occasion. Elle attend de la thérapie des stratégies pour faire que son mari change, soit plus présent et attentif à ses besoins. Quand elle décrit son mari, c'est un véritable monstre d'égocentrisme, antipathique en tous points. Je lui demande si elle serait d'accord pour que je reçoive son mari avec elle afin de tester la flexibilité de leur relation de couple et de voir si des aménagements sont possibles. Lors de ce rendez-vous de couple, je suis étonnée de découvrir un homme beaucoup plus sensible et attentif à la situation de sa femme que prévu. Ce genre de surprise n'est pas rare, la description faite par le patient des membres de son entourage correspond rarement à ce que l'on perçoit quand on a l'occasion de les rencontrer. Chacun observe la réalité avec sa grille de lecture propre, aucune n'étant plus vraie que l'autre. Ce qui est clair, c'est que si le problème de madame est la personnalité de son mari, elle n'a que deux solutions : divorcer ou s'adapter. Elle me dit qu'aucune de ces deux options ne lui convient. Soit. Je peux alors l'aider à voir ce qui lui arrive, différemment, en réfléchissant avec elle pour comprendre, sans dans un premier temps attendre le moindre changement de sa situation, comment elle s'y est prise pour choisir comme partenaire une personne incapable de répondre à ses besoins et à ses aspirations, pour vivre avec cette personne pendant des années et fonder une famille avec elle. Il ne s'agit pas ici de remettre en question la vision qu'elle a de son mari, même si je ne la partage pas tout à fait. Mon hypothèse de travail est que le choix d'un compagnon apparemment inadéquat repose sur une croyance profonde de cette patiente qu'elle ne peut être respectée et considérée pour elle-même, croyance qui s'est construite dans son histoire personnelle, vraisemblablement dans son enfance. Si cette hypothèse est vérifiée, cela lui permettra de comprendre que, sans s'en rendre compte, son mari conforte sa construction du monde et ce faisant la protège au lieu de lui nuire. Cette grille de lecture est directement empruntée aux travaux de Mony Elkaïm sur les couples[11].

Il n'y a pas de contradiction entre ma conviction que seul un changement de rapport au monde peut permettre aux patients d'aller mieux et cette façon de procéder qui ne pousse pas d'emblée à changer. Il y a un dicton qui dit : « On sait ce que l'on perd, on ne sait pas ce que l'on trouve. » Cet adage se vérifie en thérapie : la souffrance est ce qui pousse les patients à vouloir un changement, mais la crainte de ce même changement est ce qui les en empêche. Prôner d'emblée un changement radical revient à sous-estimer cette crainte et à l'augmenter presque mécaniquement. Il faut donc rassurer le patient pour pouvoir travailler tranquillement au changement. Dans le cas que je viens d'évoquer, il importe de ne pas critiquer la description que la patiente fait de sa situation, de lui demander de ne rien changer pour l'instant, le temps que l'on ait compris comment les choses se passent.

J'ai avancé plus haut la notion d'hypothèse. En psychothérapie, on ne peut qu'émettre des hypothèses sur le fonctionnement du patient qui l'amène à souffrir de ce qu'il vit. La psychothérapie n'est pas le domaine des certitudes. Une hypothèse n'est ni vraie ni fausse, d'autant qu'elle est invérifiable. Si le patient la trouve pertinente, très bien. Sinon, il faut accepter d'y renoncer, fût-ce à regret.

Nous sommes dans le domaine des constructions de la réalité, des hypothèses à faire valider par le patient. Cependant, il est des circonstances où le réel fait irruption dans le champ de la thérapie. Une patiente qui rapporte en séance des scènes de violences doit être incitée à porter plainte. La thérapie ne peut servir à faire passer un mari violent pour protecteur, même si psychologiquement cela peut s'entendre ainsi. Cette question des violences, y compris sexuelles, impose de ne pas tout confondre. La polémique concernant des propos tenus par la psychanalyste Françoise Dolto en 1979 dans la revue féministe *Choisir la cause des femmes* et reproduits dans le *Canard enchaîné* du 8 janvier 2020 en est une bonne illustration. Dans cet article, on interroge Françoise Dolto sur les femmes battues, elle répond : « C'est le mari qui doit être aidé et non la femme battue. » Sur l'inceste : « Dans l'inceste père-fille, la fille adore son père et est très contente de narguer sa mère. » Du point de vue du fonctionnement inconscient vu par une psychanalyste, c'est possible. Cela ne veut pas dire que Françoise Dolto cautionne l'inceste ou les violences conjugales dans la réalité, mais la confusion des registres, celui de la psychanalyse et celui de la réalité, a des effets dévastateurs, amplifiés par le contexte du début de l'année 2020, où l'opinion est vent debout face au dévoilement de plusieurs scandales de pédophilie et aux meurtres de femmes par leur conjoint.

CE QUI EST UN PROBLÈME POUR MOI NE L'EST PAS FORCÉMENT POUR LE PATIENT

Beaucoup d'ouvrages de développement personnel s'appuient sur l'expérience vécue par leur auteur, qui s'érige en exemple à suivre : ça a marché pour moi, ça marchera pour vous, faites comme moi et vous serez heureux. Dans *Le développement (im)personnel, le succès d'une imposture*[12], Julia de Funès décrypte les supercheries rhétoriques des ouvrages de coaching et de développement personnel, qui reposent sur des recettes inratables, pourvu qu'on les suive à la lettre. Le succès des ouvrages cités par Julia de Funès, vendus à plusieurs centaines de milliers d'exemplaires*, est proprement effarant.

La démarche psychothérapeutique est tout autre. Le psy doit résister à l'envie de conseiller son patient, de le guider vers une vie plus agréable, en fonction de critères qui lui sont propres. Le bon sens est mauvais conseiller et le conseil, fût-il bon, est en la matière rarement une bonne idée. La psychothérapie met en relation deux ou plusieurs personnes, dont chacune, psy comme patient(s), a ses convictions, ses valeurs, son expérience de la vie. Un psy convenablement formé doit pouvoir utiliser sa subjectivité non pour se faire plaisir et

* Chiffres cités par J. de Funès : *Devenir soi* de Jacques Attali, 100 000 exemplaires ; *Cessez d'être gentil, soyez vrai* de Thomas d'Ansembourg, 200 000 exemplaires ; *Les cinq blessures qui empêchent d'être soi-même* de Lise Bourbeau, 600 000 exemplaires.

donner des leçons de vie au patient, mais pour l'aider à aller mieux, à souffrir moins. C'est le but.

Les patients ne sont en général pas plus stupides que leur psy. Ça n'est bien sûr qu'une hypothèse qui n'est pas partagée par tout le monde. À lire le florilège d'âneries contenues dans ces ouvrages de développement personnel, on voit bien que leurs auteurs ne croient pas à l'intelligence de leurs lecteurs. Les patients ont essayé, sans succès, toutes les solutions simples auxquelles on peut penser pour améliorer leur situation. Soit ils n'arrivent pas à les mettre en œuvre, soit cela ne leur convient pas. Conseiller à une mère qui vit avec un fils toxicomane de le mettre à la porte de chez elle pour qu'il soit contraint à se prendre en charge et qu'elle puisse enfin vivre en paix est sans doute une bonne idée. Le problème est qu'elle n'y arrive pas. Elle se sent encore plus lamentable après, pensant avoir raté l'éducation de son fils, de se montrer incapable de « faire ce qu'il faudrait ». Ce type de conseil de bon sens accroît le sentiment d'incompétence du patient, cela ne va pas l'aider à reprendre le contrôle de la situation et à éventuellement aider son fils.

Au début de ma vie professionnelle, j'ai exercé comme psychiatre dans une ville moyenne de Picardie, région socialement très déshéritée. Dans ce contexte, une assistante sociale m'adresse une femme pour dépression. Son compagnon venait de la quitter, la laissant seule et sans ressources, avec deux jeunes enfants. Pire encore, il avait emporté le livret de Caisse d'Épargne sur lequel sont versées les prestations sociales, seuls revenus de la famille. La dame, en larmes, me raconte que son compagnon, parti avec une autre femme, vient de lui téléphoner pour lui dire qu'il avait tout dépensé et lui demandait de lui trouver de l'argent. Elle veut connaître mon avis pour savoir ce qu'elle doit faire. L'assistante sociale lui avait conseillé de le laisser se débrouiller, mais elle n'était pas certaine d'être d'accord.

La dépression n'est pas ici le problème, cette femme vit une situation difficile et pleure, ce qui n'est pas tout à fait la même chose. Dans cette situation, je peux bien sûr lui donner un excellent conseil : « Votre compagnon est un sale type, il vous abandonne avec deux enfants, vous prend tout votre argent et en plus il faudrait l'aider ! Envoyez-le promener, qu'il se débrouille ! » C'est la position prise par l'assistante sociale, qui se démène pour trouver des aides matérielles pour cette maman et ses enfants, et s'indigne que ces aides puissent profiter à l'ex-compagnon. On la comprend. Mais ma position de psy, même si dans cette situation il ne s'agit pas de psychothérapie à proprement parler, consiste à laisser de côté mon ressenti et mes valeurs personnelles, ainsi que l'agacement que cette femme peut susciter chez moi par sa passivité et sa dépendance à un homme égoïste et irresponsable.

« Quand vous avez décidé de fonder une famille avec lui, c'était, comme on dit, pour le meilleur et pour le pire ?

– Oui.

– Alors maintenant qu'il est en difficulté, vous ne pouvez pas l'abandonner, quoi qu'il fasse.

– Faudrait que je lui donne de l'argent, alors que j'en ai à peine pour nourrir mes enfants et qu'il fait la fête avec sa maîtresse ?

– C'est ce que je crois. »

La dame me regarde, littéralement interloquée. Et elle me dit :

« Vous le feriez, vous ?

– Là n'est pas la question. C'est de vous qu'il s'agit, pas de moi. »

Elle quitte mon bureau très en colère contre moi, se rend directement dans celui de l'assistante sociale qui me relatera plus tard, un peu choquée, ce qu'elle lui a dit :

« Le docteur veut que je donne tous mes sous à ce salaud, hors de question ! Qu'il se débrouille. »

Quand je conseille à cette femme de répondre positivement à la demande de son ex-compagnon, je prends en compte ce que j'ai compris de sa situation. Mon hypothèse est qu'elle a une opinion d'elle-même extrêmement dévalorisée et qu'elle estime qu'il est presque normal de se faire maltraiter. Plus on va tenter de lui dire qu'elle doit se faire respecter, plus on va être loin de sa construction du monde. Pire, on contribuera involontairement à ce qu'elle se sente encore moins respectable, puisqu'elle n'est pas capable de se faire respecter… On entretiendra ainsi une sorte de cercle vicieux aux effets délétères. C'est à partir de ce que je comprends de son fonctionnement, et non pas de ce que je juge bon, que j'interviens. De deux choses l'une : ou bien elle est complètement écrasée par sa vie et sa situation, et je lui fais comprendre que je ne jugerai pas négativement le fait qu'elle vienne en aide au père de ses enfants, au nom de la fidélité à un engagement passé (pour le meilleur et pour le pire…) qui est une valeur tout à fait respectable ; ou bien elle a une capacité à se mettre en colère (en l'occurrence c'est ce qui s'est passé) qui va lui permettre, contre moi, de restaurer en partie sa dignité bafouée. Quoi qu'il en soit, la décision lui appartient.

Mon travail consiste pour partie à remettre en mouvement les capacités des personnes qui s'adressent à moi, d'augmenter la palette des choix possibles, de sortir de la répétition sans jugement de valeur. Le patient n'est pas un prolongement de qui je suis et ma vie n'est en aucun cas un exemple à suivre. Chacun doit être libre de mener sa propre existence comme il le peut et comme il le veut, dans les limites fixées par la loi bien sûr. Je peux seulement, dans le meilleur des cas, aider à trouver les moyens de réduire ou de supprimer ce qui fait souffrir. Les solutions appartiennent au patient, pas à moi.

L'entourage des patients, comme parfois les professionnels, sous-estime très souvent le fait que la raison pour laquelle certaines personnes viennent consulter est à la fois un problème et une solution. Au cours de ma formation de psychothérapeute familiale, j'ai appris à prendre en compte cet aspect du fonctionnement humain qui peut sembler déroutant au profane.

Un couple vient me voir en consultation, parce que monsieur boit énormément et que madame menace de le quitter. Lui, a fait plusieurs cures de sevrage et rechute régulièrement dès sa sortie. Elle, assume tout : elle travaille pour faire vivre la famille, s'occupe des enfants et de la maison, porte son mari à bout de bras. Lui, se dit prêt à tout pour sauver son couple, il refera autant de cures que nécessaire. Elle, pense que sans elle, il sera SDF et mourra dans la rue.

« Vous comprenez docteur, c'est quand même le père de mes enfants.

– Et alors ?

– Je ne peux pas le laisser crever dehors comme un chien. Les enfants m'en voudraient et ils auraient raison.

– Je comprends. Que pensez-vous faire ?

– Eh bien, il faut qu'il se soigne, et dès qu'il va mieux, on se sépare.

– Monsieur, c'est ce que vous voulez, vous séparer de votre femme ?

– Certainement pas, je l'aime et veux vivre avec elle. Je ferai ce qu'il faut. »

Cet échange éclaire un aspect troublant de certains symptômes (ici l'alcoolisme) dont officiellement il convient de se débarrasser. Si madame, qui veut divorcer, a tout intérêt à ce que monsieur guérisse de son alcoolisme pour mettre en œuvre son projet, il n'en va pas de même pour son mari. La guérison signera la fin de son couple et il ne le veut pas. Le travail consiste ici à rendre explicite la fonction de l'alcool, qui est en même temps le problème et la solution, dans la dynamique de ce couple. Par la suite, ils devront trouver un mode de relation différent qui libère le mari de l'injonction paradoxale de boire pour sauver son couple.

La psychothérapie est un artisanat. Nous travaillons avec des individus ou des familles, en utilisant des outils qui, on peut le souhaiter, sont adaptés. Les croyances sont des instruments plus ou moins adéquats. Comment savoir si on se donne les moyens de bien faire son travail ? La difficulté, comme on l'a vu, est que « qui croit en Dieu verra des miracles » : les processus d'autovalidation sont à l'œuvre, je ne peux avoir un regard distancié sur ma propre pratique. C'est pourquoi la plupart des écoles de psychothérapie mettent en place un système de supervision, le problème étant que le superviseur est pris dans un système de croyance proche de celui du supervisé, puisqu'ils appartiennent à la même école...

En règle générale, nous nous arrangeons pour conforter notre construction du monde, nos croyances. Comme le dit la célèbre boutade attribuée à un penseur suisse : « Quand on voit ce qu'on voit, quand on entend ce qu'on entend, on n'est pas étonné de penser ce qu'on pense... »

Il y a des années, j'ai assisté à Bruxelles lors d'un congrès de thérapie familiale à une conférence de Heinz von Foerster (1911-2002), un scientifique austro-américain, à la croisée de la physique et de la philosophie, fondateur de la cybernétique de deuxième ordre* et contributeur important du constructivisme radical. C'était alors un vieux monsieur très élégant, qui captait son auditoire en mimant de façon suggestive les propos subtils qu'il tenait. Heinz von Foerster fut dans les années 1950 un de ceux qui, aux États-Unis, ont contribué à modéliser à l'aide de la cybernétique l'étude des système humains. Lors de cette conférence, il développa l'idée suivante : chacun d'entre nous est le centre du monde dans lequel il vit. Je suis le centre de mon monde. Mes croyances sont forcément les meilleures,

* Théorie qui inclut l'observateur dans le système observé. La première cybernétique laissait l'observateur à l'extérieur du système observé, l'observation pouvait prétendre à l'objectivité. Pour la deuxième cybernétique, l'observation n'est plus objective, la présence d'un observateur vient perturber le système.

car si j'entrevois qu'il y en a de meilleures, je les ferai miennes. Cette façon de penser s'appelle, en philosophie, le solipsisme que l'on peut décrire ainsi : une grenouille au fond d'un puits croit que le ciel est rond. Le problème pour von Foerster n'est pas que le solipsisme nie l'existence d'une réalité extérieure au sujet, car il appartient au courant philosophique nommé « constructivisme radical » selon lequel la réalité n'existe pas, il n'y a que des constructions de la réalité. Ce scientifique pose ce qu'il nomme la question éthique : comment être en relation avec un autre qui lui-même est le centre de son monde forcément différent du mien ? La réponse qu'il donne est qu'il est certes inévitable que je pense être le centre de mon monde, mais que ceci vaut pour chacun d'entre nous. Je ne suis pas le centre du monde de mon voisin, qui est le centre de son propre monde. C'est ainsi que Heinz von Foerster introduit la notion d'altérité.

À l'époque, cette réflexion m'avait fortement impressionnée. Je continue à penser qu'il est nécessaire pour un psy de garder en tête cette idée que le monde du patient n'est pas le sien et réciproquement. C'est ce qui distingue la psychothérapie bien comprise de toutes ces techniques de développement personnel, qui étendent sans limite la vision du monde de leur promoteur et visent à faire de l'autre un clone de lui-même.

Toute personne qui se rend régulièrement, pendant des années, chez son psy croit forcément que cela lui est utile. La croyance partagée en l'utilité de la thérapie est la condition nécessaire, si ce n'est suffisante, pour que *ça marche* un tant soit peu. Le psy doit croire en l'efficacité de son travail, le patient aussi. L'impact de la thérapie est-il réel et, si oui, est-ce dû à l'effet placebo, à un phénomène d'autosuggestion type méthode Coué, voire à l'emprise du thérapeute sur son patient ? La psychothérapie repose en grande partie sur ces éléments, difficiles à appréhender, mais cela n'enlève rien à son utilité.

Faire la part de la suggestion dans le processus psychothérapeutique est en effet bien difficile ; le débat est ancien puisqu'il remonte à la fin du XIXe siècle avec les travaux sur l'hypnose d'Hippolyte Bernheim, auquel on attribue d'ailleurs la paternité du mot « psychothérapie ». Hippolyte Bernheim (1840-1919) est un médecin, à l'origine spécialiste de médecine interne et qui s'est intéressé aux travaux sur l'hypnose menés à Nancy dans les années 1880. Il participe à ce que l'on a nommé « l'école de Nancy », ou « école de la suggestion », par opposition à « l'école de la Salpêtrière » dirigée par Charcot. Pour Bernheim, c'est la suggestion qui est le mécanisme responsable de l'état hypnotique, utilisé à l'époque comme traitement, tandis que pour Jean-Martin Charcot, l'hypnose est un état pathologique rattaché à l'hystérie. Avec Sigmund Freud, la psychanalyse s'emploiera à réduire la place de la suggestion au profit de la neutralité.

Je voudrais revenir un instant sur la fameuse « méthode Coué » tant décriée et qui semble pourtant revenir en grâce ces derniers temps, sous diverses appellations. Émile Coué est un pharmacien qui a observé que les remèdes qu'il vend gagnent en efficacité quand il arrive à persuader ses clients de leur efficacité. Il prend conscience du pouvoir de la suggestion et du rôle déterminant de l'imagination dans le processus de guérison. Coué élabore alors une méthode qui consiste, pour l'essentiel, à répéter 20 fois le matin et 20 fois le soir la phrase-clé : « Tous les jours, à tous points de vue, je vais de mieux en mieux. » L'idée sous-jacente est que cette formule répétée machinalement pénètre dans l'inconscient et, ce faisant, devient agissante. Pendant des années, ladite méthode Coué a suscité sourires et sarcasmes. Les psys n'avaient aucune raison d'apprécier que les patients se soignent tout seuls. Sur le plan intellectuel, la méthode pouvait paraître dénuée de finesse : on ne demandait pas au patient d'y croire, mais de pratiquer scrupuleusement. Encore que, pour pratiquer, il faut y croire un minimum… Mais aujourd'hui, développement personnel et pensée positive ne sont rien d'autre que des avatars modernes de la méthode Coué. Ainsi, cité par Julia de Funès[13], Jacques Attali, qui recycle non sans emphase le célèbre dicton « quand on veut on peut » : « À condition de le vouloir vraiment, de prendre le temps d'y réfléchir, il est possible, où que l'on soit, qui que l'on soit, de faire le métier dont on rêve, d'apprendre ce qu'on veut apprendre, de choisir librement son apparence, ses amours, sa sexualité, son lieu de vie, sa langue, de trouver et d'assumer qui on est vraiment. » À l'heure où j'écris ces lignes, confinée par l'épidémie de Covid-19, l'idée d'une liberté absolue délivrée des contraintes sociales, économiques, culturelles ou biologiques, laisse à tout le moins rêveur. La répétition à deux reprises du mot « vraiment » abandonne au bord du chemin de la réalisation de soi tous ceux qui doutent. C'est le propre de la méthode Coué : il faut y croire un tant soit peu et pratiquer régulièrement pour que ça marche. L'échec n'invalide pas la méthode, mais le pratiquant qui n'a pas été assez assidu… ou assez croyant.

On balaye souvent d'un revers de main ces avatars de « méthodes Coué » au motif que ça ne *marche* pas et que seules les thérapies sérieuses, pratiquées par des psys dûment formés, reposant sur des théories sophistiquées auraient des effets durables. La question qui se pose alors est de savoir si les effets de la psychothérapie ne sont qu'affaires de croyance, ou s'il est possible d'en savoir plus par des moyens scientifiquement valides. Avant de répondre à cette question, il nous faut tenter d'explorer la jungle des psychothérapies.

2

DANS LA JUNGLE DES PSYCHOTHÉRAPIES

J'ai un ami, ingénieur de formation, qui n'achète une voiture qu'après avoir consulté l'ensemble des notices techniques des différents modèles qui peuvent l'intéresser. Une fois son achat effectué, il démonte entièrement le moteur du véhicule choisi pour en connaître concrètement le fonctionnement et être capable de le réparer en cas de panne.

L'immense majorité des potentiels acheteurs de voiture ne procède pas ainsi. Les critères de choix d'un véhicule varient en fonction de considérations économiques, environnementales, esthétiques ou fonctionnelles. Certains types de véhicules sont à la mode, d'autres ne le sont plus. Les déterminants de ce type d'achat sont fondés sur un mélange de critères rationnels et d'autres qui le sont moins. Les aspects techniques ne sont qu'exceptionnellement premiers.

Il en va de même pour le choix d'un type de psychothérapie.

Rares sont les patients qui, à l'instar de mon ami, vont étudier sérieusement les différentes psychothérapies proposées pour choisir en pleine connaissance de cause. Leur choix est plutôt le fait du hasard, de modes, d'influences diverses. Tantôt c'est un ami qui recommande son psy qui lui a fait tant de bien. Un médecin traitant, votre pharmacien, votre kiné peuvent eux aussi être de bon conseil. Les ouvrages et revues spécialisés dans le domaine sont de puissants agents d'influence. La locomotive en matière de presse, *Psychologies magazine*, affiche une audience de près de 2,5 millions de lecteurs, et le marché des ouvrages de psychologie grand public totalise en 2017 4,2 millions d'exemplaires vendus[1].

Régulièrement des querelles entre *chapelles* éclatent, relayées notamment par ces revues. Prenez la question du traitement de l'autisme. Une violente polémique oppose depuis la fin des années 2000 les tenants des thérapies d'inspiration analytique à ceux qui prônent une approche éducative utilisant des thérapies inspirées des thérapies cognitivo-comportementales (TCC). Autre question : Freud est-il un imposteur ? *Le crépuscule d'une idole, l'affabulation freudienne* de Michel Onfray[2] ainsi que le *Livre noir de la psychanalyse*, sous la direction de Catherine Meyer[3] ont été en tête des ventes lors de leur parution et ont suscité de multiples articles de presse. Ou encore : peut-on dépister et traiter précocement les troubles du comportement de l'enfant ? En 2010, un rapport remis à Nicolas Sarkozy par le secrétaire d'État à la Justice proposait un repérage précoce des troubles du comportement de l'enfant (avant trois ans), reprenant les préconisations d'un travail de l'Inserm qui avait suscité un tollé lors de sa parution en 2005… Saisir les enjeux de ces affrontements aide à se forger sa propre opinion, et savoir se repérer parmi ces différents modèles permet de choisir à bon escient une technique de soin.

Voici quelques conseils.

Pour commencer, les définitions de la « psychothérapie » sont nombreuses. Celle de Paul Gérin – « ensemble de méthodes psychologiques dont le but est de soulager la souffrance dans un cadre contractuel » – a ma préférence pour sa clarté et sa simplicité. La notion de souffrance est à distinguer de la pathologie. Je peux fortement souffrir de la perte d'un être cher, d'une séparation ou d'un licenciement, cela ne fait pas nécessairement de moi une personne malade. Cette définition exclut du champ de la psychothérapie à proprement parler toutes les pratiques qui ne s'adressent pas explicitement à des individus qui souffrent, qu'ils soient ou non malades. Exit le coaching destiné à améliorer ses performances sportives ou professionnelles ou à apprendre à ranger sa maison. Je pense ici à l'ouvrage de la Japonaise Marie Kondo, *La magie du rangement*[4], un best-seller mondial fondé sur la promesse quasi philosophique de révolutionner sa vie en rangeant ses placards !

Ce type de pratique ne rentre donc pas formellement dans le champ de ma réflexion, pas plus que toutes les techniques de développement personnel qui ont pour objet l'amélioration des performances professionnelles. J'en dirai toutefois quelques mots, leur succès actuel est tel qu'il est difficile de les laisser de côté, d'autant qu'elles prétendent dans certains cas être capables de supplanter les psychothérapies.

La notion de « méthode » est plus délicate à appréhender. Elle permet d'exclure les traitements médicamenteux, électriques (les électrochocs), chirurgicaux (les lobotomies), mais les thérapies à médiation corporelle telles que la relaxation, ou artistique (art-thérapie) doivent être considérées comme des psychothérapies à part entière.

Pénétrons un peu plus dans cette jungle des appellations.

La psychothérapie est une technique de soin qui s'appuie sur une conception plus ou moins élaborée du fonctionnement psychique. La cure psychanalytique repose sur des concepts freudiens, tels que l'inconscient, le transfert, la sexualité infantile. Les thérapies cognitivo-comportementales (TCC) se fondent sur une théorie des apprentissages et utilisent des notions issues des neurosciences. Enfin, les thérapies familiales systémiques partent de la famille en tant que système et se réfèrent aux théories de la communication. Cette simple énumération suffit à donner le vertige, tant les références utilisées semblent exotiques les unes par rapport aux autres, alors qu'elles sont supposées décrire une seule et même entité : le psychisme !

En fait, cette diversité a une explication. Chaque théorie, chaque modèle, est né dans un contexte historique, culturel et social spécifique. Ainsi, la psychanalyse née à Vienne à la fin du XIXe siècle ne ressemble pas à la psychologie positive qui voit le jour aux États-Unis autour des années 2000…

AUTREFOIS RÉSERVÉE AUX ALIÉNÉS

Pour mieux comprendre, un bref rappel historique est indispensable[5]. Aux origines, la psychothérapie est réservée à la prise en charge des aliénés sous la forme du « traitement moral ». Il s'agit, à partir de la fin du XVIIIe siècle, de substituer la parole persuasive à la contention. Dans le sillage du médecin allemand Anton Mesmer, des praticiens français, au premier rang desquels on trouve Hippolyte Bernheim, utilisent l'hypnose et la suggestion pour traiter toutes sortes de troubles somatiques et psychiques. J'ai déjà évoqué Bernheim, ce psychiatre alsacien qui a établi le rôle de la suggestion dans les phénomènes hypnotiques, opposé à Charcot qui faisait de l'hypnotisme (capacité pour un sujet à être hypnotisé) un état pathologique particulier. Il est considéré comme l'un des pères de la psychothérapie moderne. Peu à peu, la pratique de l'hypnose thérapeutique disparaît au profit d'une psychothérapie plus rationnelle. Au début du XXe siècle, l'utilisation de la parole devient dominante.

En un siècle, l'usage de la psychothérapie est passé du traitement des aliénés, autrement dit les fous, à celui des « nerveux », terme qui recouvre des sujets que l'on qualifierait aujourd'hui de névrotiques. La psychanalyse, inventée par Freud à la fin du XIXe siècle, coexiste un temps avec d'autres formes de psychothérapie pour finir par les supplanter progressivement au cours du XXe siècle. Jusqu'aux années 1970, on peut dire qu'en France la référence psychanalytique est hégémonique, la distinction ne se fait plus, en pratique, qu'entre les psychanalyses à proprement parler et les psychothérapies d'inspiration analytique. Les débats, théoriques et pratiques, se tiennent tous au sein du courant psychanalytique et provoquent, en France comme à l'étranger, scissions, créations de courants et d'écoles. La psychanalyse reste la référence, la psychothérapie individuelle demeure destinée, pour l'essentiel, à un public éclairé, aisé, souffrant de troubles névrotiques : angoisses, phobies, dépressions, malaises divers.

Une modalité importante de psychothérapie va naître dans un asile psychiatrique pendant la Seconde Guerre mondiale. C'est à l'hôpital Saint-Alban, sur le plateau de la Margeride, au cœur du Massif Central, qu'elle va étendre son champ d'action, jusqu'ici cantonné aux individus, pour devenir la psychothérapie institutionnelle. Bien que toujours fondée sur des concepts psychanalytiques, elle ne s'intéresse plus exclusivement aux individus souffrants mais aux institutions et aux soignants. Son lieu de naissance n'est pas dû au hasard, c'est à Saint-Alban que se sont retrouvés, chassés par les persécutions, plusieurs psychiatres novateurs. Ils veulent en finir avec l'asile dont la seule fonction est de garder les fous enfermés, et entreprennent de revoir de fond en comble l'organisation et les finalités de l'hôpital psychiatrique. Les patients doivent être acteurs de leur thérapie, les restrictions à leur circulation sont fortement diminuées, les soignants, qu'ils soient médecins, psychologues ou infirmiers, sont régulièrement formés, supervisés. Les concepts freudiens et les modalités de psychothérapie qui en découlent sont appliqués à des sujets psychotiques, ceux qu'on appelait jadis les aliénés. En même temps, dès 1952 une gamme de médicaments efficaces pour le traitement des psychoses apparaît : les neuroleptiques. L'émergence du traitement médicamenteux rend de moins en moins nécessaires l'isolement et la contention, favorisant ainsi le passage de l'asile à un hôpital ouvert sur la cité.

À l'aube des années 1970, la psychanalyse détient toujours un quasi-monopole en France, en ville sous la forme de psychanalyses en bonne et due forme ou de thérapies d'inspiration analytique, et dans les hôpitaux psychiatriques à travers la psychothérapie institutionnelle et la prise en charge des patients psychiatriques, enfants comme adultes. Mais son hégémonie va être ébranlée par l'apparition de nouveaux courants, essentiellement venus des États-Unis ou de Grande-Bretagne. Les thérapies comportementalistes et systémiques gagnent du terrain. Un autre phénomène vient bousculer l'ordre établi. Il vient d'une demande du public cette fois et concerne non plus seulement les personnes présentant des troubles psychiques mais toutes celles qui veulent développer leur potentiel. La notion de développement personnel se substitue à celle de traitement psychothérapeutique. Même si la frontière est parfois ténue entre ceux qui se plaignent de ne pas pouvoir utiliser à plein leurs capacités et ceux qui souffrent par exemple de dépression. En quelques années, la psychothérapie, autrefois réservée aux malades, devient une pratique relativement répandue. En janvier 2020, plus de 30 % des Français déclarent avoir déjà fait appel à un psy, contre seulement 5 % en 2005[6]. C'est donc un phénomène tout à la fois puissant et relativement récent.

LA NOTION DE « NORMALITÉ »

La psychothérapie est un traitement. Il est donc logique de penser qu'*a priori* elle va s'adresser à des personnes malades ou à tout le moins souffrantes. C'est loin d'être toujours le cas. S'agissant de troubles psys, la notion de maladie est plus complexe qu'il n'y paraît. Certaines pathologies ne sont considérées comme telles que dans des environnements particuliers. Plus encore que dans les autres domaines de la médecine, la notion de normalité en matière de psychisme s'appuie sur des normes étroitement dépendantes du contexte culturel et social. Des comportements jadis jugés comme normaux sont considérés aujourd'hui comme pathologiques et inversement. Il n'y a pas si longtemps, l'homosexualité figurait dans les classifications internationales des maladies mentales… Jusqu'aux années 1970, fumer était un comportement jugé anodin, tandis qu'aujourd'hui, on parle d'addiction et de traitement.

Une ancienne collègue avait été sollicitée pour prendre en charge une religieuse cloîtrée qui avait fait vœu de silence monastique. Cette personne était bipolaire. Une maladie qui entraîne des dérèglements de l'humeur, avec des phases dépressives et des périodes d'exaltation. Personne dans le couvent ne s'était rendu compte de sa maladie. Son mutisme était parfaitement adapté au contexte. C'est seulement quand la dépression a cédé la place à une phase d'exaltation que les psychiatres ont été appelés à la rescousse.

Si je présente une phobie des ascenseurs et que j'habite à la campagne, suis-je malade, alors que ce trouble n'entrave en rien mon existence ? Aujourd'hui, certaines personnes atteintes d'une forme d'autisme appelée syndrome d'Asperger, associant des difficultés d'intégration sociale, des troubles de la communication, des comportements répétitifs et routiniers avec un niveau intellectuel correct voire supérieur à la moyenne, refusent d'y voir une pathologie. Elles avancent que leurs difficultés sont amplifiées voire créées par une société qui n'accepte pas un fonctionnement mental *différent*. Une société plus tolérante bénéficierait même de leurs capacités cognitives originales. Greta Thunberg, mondialement connue pour son activisme anti-réchauffement planétaire, a inscrit dans la notice biographique de son profil Twitter : « Militante pour le climat et l'environnement avec Asperger. » Songe-t-on à la décrire comme une malade ? Son peu d'intérêt pour la vie affective lui permet de ne pas se laisser distraire de son combat pour l'environnement. Certaines caractéristiques du fonctionnement mental peuvent bien, selon le contexte, être appréhendées comme une richesse plutôt que comme une maladie.

Cette idée n'est pas neuve. Le courant antipsychiatrique né à la fin des années 1960 en Grande-Bretagne soutenait que c'est la société capitaliste qui fabrique les fous et qu'une organisation sociale différente verrait disparaître la folie. Il n'y a plus grand monde aujourd'hui pour assumer cette position dans toute sa radicalité. Mais il reste que certaines organisations sociales favorisent l'expression de la différence sous forme de pathologies excluantes, tandis que d'autres permettent à chaque être humain d'être reconnu et intégré, quelles que soient les modalités particulières de son fonctionnement psychique.

Il est vrai que le monde actuel qui privilégie compétition, performance et responsabilité individuelle voit émerger toutes sortes de malaises chez ceux qui *n'y arrivent pas* ou qui voudraient réussir mieux, toujours mieux. Et du malaise à la souffrance, il n'y a qu'un pas. J'ai été frappée au fil des années par ces demandes de thérapies pour des problèmes qu'en d'autres temps on aurait traités par le mépris. Ces parents qui ont du mal à se faire respecter par leurs enfants (« quand je lui dis d'éteindre son ordinateur, il me rit au nez… »), cet employé qui se sent humilié au travail (« mon chef dit bonjour à tout le monde sauf à moi »), cette épouse qui trouve que son mari est trop distant (« dès qu'il rentre du boulot, il s'enferme dans son atelier jusqu'au dîner »), cette femme qui s'angoisse à l'idée de ne pouvoir se passer de son verre de rosé quotidien (« je suis alcoolique, je bois un verre tous les soirs. Ce qui m'inquiète, c'est que je ne peux pas m'en passer »). Ces appels à l'aide pour des situations dont le caractère pathologique ne saute pas aux yeux reposent sur une double illusion. Il y aurait un savoir qui permettrait d'obtenir ce que l'on veut dans la vie, et des personnes (les psys, les coachs) détentrices dudit savoir.

Pour trouver son chemin parmi la centaine de psychothérapies qui existent en France – le chiffre de 400 est souvent évoqué sans que l'on sache très bien d'où il sort –, mieux vaut cibler les plus connues et donc les plus utilisées.

LA PSYCHANALYSE ET LES PSYCHOTHÉRAPIES D'INSPIRATION ANALYTIQUE

Tentative de définition

Pour les psychiatres de ma génération, Freud et ses disciples étaient incontournables, les anti-freudiens étaient rares et considérés avec condescendance. En rangeant récemment ma bibliothèque, j'ai été frappée par le nombre d'ouvrages de Freud et de ses disciples que j'avais achetés et lus au cours de ma formation, sans jamais me considérer comme freudienne ni particulièrement intéressée par la psychanalyse. Il m'est arrivé de me voir refuser l'accès à certains postes de psychiatre car je n'avais pas été psychanalysée, sans que cela me choque. La prétention de la psychanalyse à être seule capable d'une compréhension profonde et scientifique du psychisme humain n'était guère contestée. Lors des réunions d'équipe consacrées à l'analyse des cas des patients que nous avions en charge à l'hôpital, les concepts freudiens étaient à l'honneur. Ils étaient fascinants car ils permettaient d'expliquer pourquoi telle personne délirait sur tel thème tandis que telle autre était au fond du gouffre de la dépression : carences narcissiques, problèmes d'image du moi, clivage projectif… tout pouvait se décrire et s'expliquer. La question des traitements était vite réglée (on utilisait à peu près toujours les mêmes médicaments, seule la posologie variait en fonction de l'intensité des symptômes) et il n'y avait guère de débats sur l'utilité ou pas pour le malade de cette débauche de subtilité conceptuelle. Pas plus que de lien évident entre ce dont nous parlions en réunion et la façon concrète dont nous nous occupions des patients. Les troubles des patients hospitalisés interdisaient en général l'utilisation de la psychanalyse autrement que comme outil d'analyse des cas cliniques. Dans le contexte de la psychiatrie des années 1970 et 1980, la psychanalyse était donc à la fois une référence théorique incontournable et une pratique réservée à certains professionnels, essentiellement des médecins et des psychologues, pour leur usage personnel…

Nul ne songe à disputer à Sigmund Freud la paternité de l'invention de la psychanalyse, même si l'histoire du mouvement psychanalytique est féconde en controverses, luttes d'influences, scissions et courants… Son œuvre est considérable, en quantité comme en qualité, aussi je me contenterai d'en brosser un tableau rapide.

Freud définit la psychanalyse comme un savoir anthropologique nouveau, un moyen d'investigation et un type de traitement. Selon Didier Anzieu (1923-1999)[7], l'invention de la psychanalyse se fait en quatre grandes découvertes : le sens des rêves, le complexe d'Œdipe, le fantasme de scène primitive et le complexe de castration. La construction d'une théorie de l'appareil psychique en découle. Les apports de la psychanalyse d'un point de vue anthropologique sont innombrables, et des notions comme l'inconscient, les actes manqués ou le travail de deuil appartiennent aujourd'hui au domaine public. Freud fait de la découverte de l'inconscient la troisième blessure narcissique infligée à l'humanité. Avec Copernic, l'être humain a dû admettre qu'il n'était pas au centre de l'Univers ; avec Darwin qu'il était le fruit de l'évolution et donc un animal comme les autres ; avec la découverte de l'inconscient, cette fois, il doit comprendre qu'il n'est même pas maître de son âme. C'est dire que l'Homme ne peut plus se penser de la même façon avant et après Freud.

En pratique

L'investigation analytique repose sur l'idée de Freud de faire passer dans la parole ce qui vient à l'esprit, sous la forme de l'association libre. L'analysant est allongé sur un divan, il ne voit pas l'analyste qui est assis derrière lui et la consigne est de dire ce qui lui passe par la tête, sans restrictions. Le travail de l'analyste s'appuie sur ce qui est dit, mais aussi sur les silences, les lacunes, les coq-à-l'âne, qui sont en quelque sorte, à l'instar des rêves, des portes ouvertes sur l'inconscient du patient.

La psychanalyse est-elle un traitement ? Freud répond par l'affirmative : « Nous ne pouvons ici donner qu'une idée de la façon dont le traitement psychanalytique soigne. Celui-ci atteint son but en cela qu'il rend conscients les processus inconscients, permettant par là de vaincre les résistances et de résoudre les conflits. […] Son but est la transformation et la rééducation de toute la personne et si [il] ne peut que s'approcher tant bien que mal de cet idéal, [il] est largement récompensé de tous les efforts fournis[8]. »

Mais un siècle plus tard, le psychanalyste lacanien Philippe Julien écrit : « Psychothérapie est le nom d'emprunt de la psychanalyse lorsqu'elle se met au service de la psychiatrie et devient la "femme de chambre" de la médecine[9]. » Inutile de préciser que sous sa plume, ce statut de « femme de chambre de la médecine » n'est guère honorable. La psychanalyse se déshonore donc à vouloir soigner, elle ne connaît pas « la loi du devoir pour le service assuré du bien-être physique, psychique et social, mais la loi du désir[10] ». On ne saurait être plus clair.

À l'origine conçue pour le traitement des hystériques, dans le contexte social et culturel qui était celui du Dr Freud à Vienne à la fin du XIXe siècle, la pratique de la psychanalyse a évolué et s'est diversifiée en conquérant le monde occidental. La « cure type » conserve des caractéristiques proches de celles élaborées par Freud : patient allongé, psychanalyste n'intervenant que peu, durée de la séance codifiée, plusieurs séances par semaine, paiement par le patient, cure s'étalant en général sur des années. Mais nécessité faisant loi, les contraintes du monde moderne ont amené beaucoup de professionnels se réclamant de la psychanalyse à faire évoluer leur pratique pour qu'elle puisse s'adresser à un public plus large. Ces modifications techniques ont apporté leur lot d'évolutions théoriques, qui ont modifié les pratiques et ainsi de suite… ce qui fait que plus d'un siècle plus tard, il n'est pas certain que Freud y retrouverait ses petits.

Le but de la psychanalyse est de rendre conscient l'inconscient : « *Wo Es war, soll Ich werden* », disait Freud, que l'on traduit généralement par : « Là où ça était, le sujet doit advenir. » Chemin faisant, le sujet en analyse abandonne bien souvent des symptômes gênants en remaniant profondément son rapport à lui-même comme aux autres. Mais ce n'est pas la finalité première de la cure analytique et il n'est nul besoin de présenter des symptômes gênants pour entrer en psychanalyse. En ce sens, il ne s'agit donc pas d'une psychothérapie à proprement parler.

La psychanalyse est exigeante en matière d'engagement personnel comme financier. Elle s'adresse en principe à des personnes plus ou moins névrosées, mais toujours aptes à supporter les frustrations inhérentes à la situation psychanalytique.

Ses évolutions

Il est donc apparu rapidement que la psychanalyse ne pouvait en pratique être accessible au plus grand nombre. Son apport théorique concerne certes l'humanité tout entière, mais tout le monde n'est pas capable de suivre une psychanalyse en bonne et due forme, pour des raisons à la fois sociales – il faut du temps et de l'argent – et psychologiques. La question des indications de la cure analytique s'est donc posée dès les origines et n'a cessé de faire débat. L'intolérance aux frustrations ou une structure de personnalité trop fragile rendent impossible le respect des règles de l'analyse. On imagine mal un psychopathe venir scrupuleusement au jour et à l'heure dits s'allonger sur le divan ; certaines personnes sont trop anxieuses pour supporter le silence de l'analyste et celles souffrant de perturbations graves de la relation ne peuvent assumer le fameux transfert, ce processus qui voit se déplacer sur le psychanalyste les désirs inconscients concernant des objets extérieurs, le plus souvent les parents en référence au complexe d'Œdipe. La question de l'adaptation pour les enfants du dispositif analytique a également été posée.

L'histoire de la psychanalyse a ainsi été traversée par la question de savoir jusqu'où il était possible de modifier un certain nombre de règles de la cure type sans trahir l'essentiel. La notion de psychothérapie d'inspiration analytique recouvre cette problématique. Il en existe d'innombrables modalités, développées plus ou moins empiriquement. Si toutes se réfèrent à la psychanalyse comme théorie du fonctionnement psychique, chacune affiche sa singularité, souvent liée au contexte d'exercice de son promoteur. Le pédiatre britannique Winnicott (1896-1971) illustre bien cette quête d'une façon de faire arrimée sur la théorie freudienne mais radicalement innovante sur le plan de la pratique. Donald Winnicott est devenu psychanalyste pour enfant après avoir, comme il se doit, suivi psychanalyse et supervision. Sa pratique de pédiatre et surtout l'observation qu'il fait de l'importance de la relation mère-enfant l'ont amené à promouvoir des méthodes novatrices de prise en charge psychothérapeutique. Il utilise ainsi diverses techniques tel le « squiggle », jeu permettant d'établir un lien entre le thérapeute et l'enfant, à l'aide d'un dessin. Il s'agit pour Winnicott d'un jeu sans règle stricte, permettant un accès ludique à l'imaginaire de l'enfant. Il est par ailleurs l'auteur de travaux théoriques importants sous formes d'articles, de conférences, d'interventions à la BBC qui développent des notions devenues classiques telles que l'« objet transitionnel » (le doudou des tout-petits) ou « la mère suffisamment bonne ». Cette notion renvoie à l'attitude d'une mère qui autorise son enfant à se séparer d'elle, par contraste avec une mère parfaite qui rend difficile la séparation ou avec une mère trop distante qui génère de l'anxiété chez ce dernier.

Les psychothérapies d'inspiration analytique s'exonèrent des aspects de la psychanalyse les plus difficiles à supporter pour des sujets parfois fragiles ou qui seraient rebutés par l'engagement nécessaire à une psychanalyse.

Elles autorisent ainsi le face à face entre le thérapeute et son patient. Elles permettent à chacun des deux protagonistes d'avoir accès au visage, à la mimique, au regard de l'autre dans une relation perçue comme moins inégalitaire. L'association avec un suivi psychiatrique et le cas échéant un traitement par des médicaments psychotropes (antidépresseurs, anxiolytiques) n'est pas proscrite. Le rythme des séances est allégé et leur contenu fait plus fréquemment référence à ce que vit le patient dans la réalité contrairement à la psychanalyse qui fait appel aux fantasmes. Les psychothérapies d'inspiration analytique ne s'interdisent pas de soigner et donc de considérer l'éradication des symptômes comme un de leurs buts. Pour Freud, le symptôme est un compromis résultant d'un conflit entre un désir et son interdit. Par exemple, le « Petit Hans », un des cas qu'il décrit dans *Cinq psychanalyses*, souffre d'une phobie des chevaux, que Freud interprète comme la résultante d'un conflit entre ses désirs agressifs à l'égard de son père et la tendresse qu'il éprouve pour lui et pour sa mère, l'amour pour cette dernière étant frappé de l'interdit de l'inceste. Les psychothérapies d'inspiration analytique s'inscrivent dans cette conception freudienne des symptômes mais cherchent une certaine efficacité dont la psychanalyse peut s'exonérer. Comme l'écrit Jacques Lacan[11], « la différence, pourquoi ne pas la dire ainsi ? C'est qu'une psychothérapie est un tripotage réussi, au lieu que la psychanalyse est une opération dans son essence vouée au ratage. Et c'est ça qui est sa réussite ».

LES TCC OU THÉRAPIES COGNITIVO-COMPORTEMENTALES

Tentative de définition

Jusqu'aux années 1970, ce que l'on appelle « le comportementalisme » avait mauvaise presse en France, considéré comme simpliste et peu respectueux de la dignité humaine. Adapté d'un roman d'Anthony Burgess, le film de Stanley Kubrick *Orange mécanique*, sorti sur les écrans en 1971*, résume bien l'opinion de l'époque. Il met en scène un sociopathe fasciné par l'ultraviolence, le viol et la musique de Beethoven. Une fois arrêté, ce jeune homme est l'objet d'une tentative de déconditionnement d'une violence extrême, qui s'avérera *in fine* inefficace. Les séances de déconditionnement auxquelles est soumis le héros du film ressemblent plus à des scènes de torture qu'à une thérapie douce. Pour Stanley Kubrick, le film est « une satire sociale traitant de la question de savoir si la psychologie comportementale et le conditionnement psychologique sont de nouvelles armes dangereuses pouvant être utilisées par un gouvernement totalitaire qui chercherait à imposer un vaste contrôle sur ses citoyens et en faire à peine

* Plus de sept millions d'entrées selon JP's Box-Office.

plus que des robots[12] ». Le spectateur, en pleine guerre du Viet Nam, n'a pas de mal à faire le lien avec les pratiques honnies de la CIA.

Cinquante ans plus tard, les TCC ont su trouver leur place dans l'arsenal psychothérapeutique aux côtés de la psychanalyse et de ses dérivés. Si elles se développent en France depuis les années 1970, elles ont pris leur essor dans les pays anglosaxons dès les années 1950. Leur succès actuel est à mettre au compte d'une bonne adéquation avec les exigences de notre époque : rapidité, efficacité revendiquée, coût raisonnable. En 1970, l'idée que la psychothérapie puisse aider à fabriquer des citoyens épanouis en phase avec les contraintes du monde était scandaleuse aux yeux de beaucoup, du moins en France. Aujourd'hui, ce projet suscite la demande des patients et l'intérêt de nombreux professionnels comme des pouvoirs publics.

Les TCC regroupent sous un même vocable un ensemble de traitements dont le point commun est d'être des thérapies brèves, centrées sur les problèmes actuels du patient. Alliant théories de l'apprentissage et théories cognitives du fonctionnement psychique, elles s'appuient sur l'observation et la régulation des liens entre les pensées, les émotions et les comportements. C'est une approche pragmatique de la psychothérapie, dont l'efficacité thérapeutique est largement démontrée empiriquement, si ce n'est scientifiquement.

À l'origine, elles étaient issues de deux courants distincts, comportementalisme et cognitivisme, qui ont fusionné, dans les années 1980.

La notion de conditionnement est une des bases théoriques essentielles du comportementalisme. Le conditionnement classique, plus connu sous la dénomination de conditionnement pavlovien, a été mis en évidence à la fin du XIXe siècle par le physiologiste russe Ivan Pavlov. Il a montré qu'il était possible de créer par apprentissage un réflexe de salivation chez un chien à la seule vue de la pièce où on lui donne à manger ou au simple bruit d'une sonnette annonciatrice d'un repas. Un psychologue américain, John Broadus Watson (1878-1958) crée une phobie des souris chez un jeune enfant en appliquant une technique proche de celle de Pavlov. Il est l'inventeur de la première forme de psychologie clinique scientifique, le comportementalisme. Vient ensuite le conditionnement opérant, un concept majeur en psychologie, inventé par Burrhus Frédéric Skinner (1904-1990). Ce psychologue américain, considéré comme un des plus importants du XXe siècle, ajoute à la théorie de Pavlov l'idée de renforcement d'un comportement qui est dit « opérant » à partir du moment où il produit des conséquences perçues comme des récompenses par le sujet. Si le réflexe de saliver du chien de Pavlov est récompensé, par exemple par un aliment agréable, la cloche devient le stimulus opérant. Pour Skinner, c'est la récompense qui rend le stimulus opérant. Ces découvertes ouvrent la voie à la possibilité de modifier le comportement volontairement, ce qui est le fondement des thérapies comportementales.

La psychologie cognitive se développe, quant à elle, à partir des années 1960. Il s'agit de partir de l'étude du comportement, d'en inférer des représentations, des structures, des processus mentaux et de faire ainsi le lien entre les stimuli externes et les réactions comportementales directement observables. Contrairement à la psychanalyse, elle ne considère pas que l'introspection soit une voie d'accès fiable pour explorer le fonctionnement mental. Entre la stimulation du sujet par l'environnement et la réponse observable de l'organisme sous forme d'un comportement, il existe un ensemble de phénomènes qu'on peut étudier en utilisant des concepts dérivés des théories de l'information. Les débuts de l'informatique ont fourni l'arsenal nécessaire à cette étude.

Le comportementalisme s'attache aux manifestations observables de l'extérieur du fonctionnement humain, le cognitivisme y ajoute une composante interne et s'intéresse à ce qui se passe entre un stimulus issu de l'environnement et une réponse plus ou moins bien adaptée.

Le thérapeute cognitivo-comportementaliste considère que les problèmes psychologiques sont des comportements problématiques qu'il conçoit comme des actions inadéquates, des émotions douloureuses, des modes de traitement de l'information inadaptés.

En pratique

La TCC se déroule généralement selon une procédure codifiée. Les premiers entretiens sont consacrés à identifier les plaintes du consultant, en vue d'établir un diagnostic – en clair s'agit-il d'un symptôme isolé ou qui s'inscrit dans un ensemble pathologique plus vaste ? – et une « analyse fonctionnelle » qui vise à mettre en lumière les facteurs qui déclenchent et maintiennent les problèmes. Les ressources de la personne sont également un élément important de cette phase d'évaluation.

Avant de commencer le traitement proprement dit, des objectifs sont fixés contractuellement entre le consultant et le thérapeute. Tous deux se mettent d'accord sur les dysfonctionnements à traiter et les résultats qu'il convient d'obtenir.

Tout au long des séances, le patient est associé au traitement, le psy partage ce qu'il sait et ce qu'il compte faire. Cette attitude est en cohérence avec la dimension éducative propre aux TCC. À l'issue de cette phase préliminaire, un programme est instauré et discuté. Des questionnaires sont utilisés pour définir la nature et l'intensité des problèmes à résoudre.

Le traitement proprement dit vise à apprendre au patient à gérer ses difficultés. Le thérapeute lui propose des solutions pour contrôler ses émotions, résoudre les problèmes de la vie quotidienne, modifier sa perception de ce qu'il vit. Lors des séances, diverses techniques sont proposées : relaxation, exercices d'exposition aux situations génératrices des troubles. Après chaque consultation, le psy peut confier des tâches à son patient.

Lorsque le traitement est terminé, une évaluation des résultats obtenus est effectuée conjointement par le psy et le patient. Pour suivre l'évolution de son patient, le psy peut prévoir des séances post-traitement avec éventuellement des stratégies de prévention des rechutes.

On le voit bien, les TCC sont une façon dédramatisée d'aborder les problèmes des patients. Elles promeuvent une relation de coproduction entre patient et thérapeute, bien loin du psychanalyste « supposé savoir* ». Un contrat thérapeutique clair est passé entre le thérapeute et son patient, le nombre des séances est en général fixé à l'avance (en moyenne de dix à vingt) et la thérapie dure rarement plus de six mois. Une TCC peut être proposée en plus d'un suivi psychiatrique,

* En analyse, le patient suppose que le psychanalyste détient un savoir et cette hypothèse est un des moteurs de la cure.

d'un traitement médicamenteux ou de toute autre forme de prise en charge.

Les TCC s'adressent en priorité à des sujets présentant des troubles bien délimités (phobies, crises d'angoisse dans certaines situations, addictions, dépressions) mais peuvent accompagner utilement des prises en charge au long cours pour des sujets présentant des pathologies psychiatriques chroniques. Des patients schizophrènes ont pu bénéficier de TCC visant à les aider à mieux gérer certaines situations. De même, la prise en charge des enfants autistes comprend aujourd'hui des techniques dérivées de ce modèle.

LES THÉRAPIES FAMILIALES SYSTÉMIQUES

Tentative de définition

Quand une personne présente des troubles psys, l'idée que ces troubles gagneraient à être étudiés, compris et traités dans le cadre de sa famille se heurte à une certaine *tradition* française. De l'asile du début du XIXe siècle à la psychanalyse contemporaine, c'est à l'individu que le traitement s'adresse. L'enfermement vise à protéger la famille et la société, ainsi qu'à soigner le malade, à distance des siens. Tantôt les familles sont perçues comme victimes de leurs fous, tantôt c'est le fou qui est victime de son entourage familial. Séparer le sujet malade de son environnement familial pathogène, lui proposer un cadre et des interlocuteurs thérapeutiques semblent la seule chose à faire.

Pour les personnes souffrant de troubles plus légers (angoisses, phobies, dépressions, mal-être), l'intérêt des thérapeutes inspirés par la psychanalyse se porte sur la famille fantasmée, à l'écart de la famille réelle du sujet en analyse. Les dispositifs de soins, du moins jusqu'aux années 1970 et parfois même bien plus tard, sont organisés sur le fondement des concepts psychanalytiques et font de la mise à distance de la famille une ardente obligation. En 1974, la première chaîne de télévision française présente une série d'émissions sur le psychologue américain Bruno Bettelheim qui contribue à diffuser largement ses conceptions en matière de traitement des enfants autistes. Bettelheim (1903-1990) a tiré de son expérience des camps de concentration une conception de l'autisme comme réponse à la volonté d'anéantissement de l'autre. Pour lui, « le facteur qui précipite l'enfant dans l'autisme est le désir de ses parents qu'il n'existe pas[13] ». Bettelheim crée à Chicago une institution dédiée à la prise en charge des jeunes autistes, baptisée École orthogénique, d'où les parents sont bannis, certaines mères jugées trop dangereuses restant plusieurs années sans pouvoir voir leurs enfants. Les théories de Bettelheim rencontrent en France un immense succès, confortant l'idée que les structures de soins doivent s'organiser pour protéger les patients de leur famille.

On doit à l'anthropologue américain Gregory Bateson (1904-1980) et au groupe de Palo Alto qui s'est formé autour de lui au début des années 1950 les principaux concepts à l'origine de l'approche familiale systémique en psychothérapie. En clair, pour comprendre le comportement d'un individu, il faut tenir compte des liens entre lui et ceux avec qui il est en relation. La conduite d'une personne est déterminée par l'interaction avec l'autre. L'explication du comportement humain passe ainsi d'une vision intrapsychique (celle entre autres de la psychanalyse) à une prise de considération du système relationnel de chacun. L'unité d'analyse devient l'interaction. Bateson et son groupe ont ainsi étudié les interactions dans les familles où l'un des membres est schizophrène. Ces travaux les ont amenés à inventer la notion de double contrainte*: un individu ne peut répondre de façon satisfaisante à un message en soi contradictoire. Jay Haley (1923-2007), membre fondateur du groupe de Palo Alto, décrit ainsi cette double contrainte : « Supposez qu'une mère déclare à son enfant : "Viens t'asseoir sur mes genoux." Supposez également qu'elle ait émis cette demande sur un ton qui laisse entendre qu'elle préfère que son fils reste à l'écart. L'enfant sera confronté au message : "Viens près de moi" incongrûment associé à l'injonction : "Éloigne-toi de moi." Il ne pourrait répondre de façon appropriée à des demandes aussi contradictoires : s'il venait auprès de sa mère, celle-ci en serait gênée, dans la mesure où le ton de sa voix aurait indiqué qu'il devait se tenir à distance ; et la mère serait également mal à l'aise si son fils restait dans son coin, puisqu'en un sens elle l'avait tout de même invité à la rejoindre[14]. »

À la suite de ces travaux, l'idée se fait jour d'une relation de causalité entre une façon inappropriée de communiquer de la part des parents et l'apparition chez un jeune de comportements de type schizophrénique (bizarreries, retrait de la relation, mutisme, délire...). Et si la schizophrénie était un mécanisme de défense face à une demande impossible à satisfaire et un ultime moyen de maintenir la cohésion du groupe familial en tentant d'assumer son incohérence ? Une personne

* En anglais, *double bind*.

vue seule présente un comportement qui amène à penser qu'elle est folle ; observée au sein de sa famille, cette folie apparente devient un comportement logique dans la situation. Les recherches issues de la théorie générale des systèmes* se sont enrichies de contributions issues de l'anthropologie, des théories de la communication, de la physique et de la biologie aboutissant à une myriade d'écoles.

En pratique

Dans les thérapies familiales systémiques, la famille est considérée comme un système où tous les membres sont en interaction.

Pour les systémiciens, l'idée de famille pathogène (responsable des troubles du patient identifié) laisse la place à la notion de famille dysfonctionnelle, incluant le patient, celui-ci passe du statut de victime à celui d'acteur, au même titre que les autres membres du « système familial ».

La thérapie concerne la famille (ou le couple). Le (ou les) thérapeute(s) reçoivent l'ensemble des personnes formant la famille et en règle générale s'interdisent de recevoir séparément l'un ou l'autre membre de la famille pendant toute la durée de la thérapie.

De nos jours, la question de savoir qui doit être reçu, ou autrement dit qu'est-ce qu'une famille, n'est pas aussi simple

* Théorie élaborée à partir de 1937 par Ludwig von Bertalanffy, philosophe des sciences, et qui a pour postulat qu'il existe des principes, modèles et lois systémiques applicables à toutes sortes de domaines scientifiques par-delà leur diversité apparente.

qu'il y paraît. Un enfant dont les parents sont séparés et ont chacun un nouveau partenaire doit-il être reçu avec ses deux parents biologiques, avec tous les membres des deux familles recomposées ? Quelle est la place des grands-parents, des membres de la fratrie ayant quitté le domicile dans le dispositif thérapeutique ? Il n'existe pas de réponse univoque. Le dispositif mis en place doit être intelligible pour les personnes qui y ont recours et constant tout au long de la thérapie.

Aux origines de la thérapie familiale, le dispositif comprenait un ou deux thérapeutes présents et travaillant en direct avec la famille, et un ou plusieurs dans une autre pièce, reliés par vidéo ou derrière un miroir sans tain. Ceux qui n'étaient pas directement au travail bénéficiaient ainsi d'un point de vue plus distancié sur la situation et pouvaient intervenir comme une sorte de supervision en direct des thérapeutes au contact de la famille. Les entretiens pouvaient être enregistrés en vidéo et revus entre les séances. Ce type de pratique, extrêmement coûteux en temps et en personnel, a peu à peu disparu au profit d'entretiens menés en direct par un ou deux professionnels.

La notion de malade ou de maladie n'a plus sa place. Lors du premier entretien, il y a toujours au moins une personne qui est présentée comme le problème.

« Mon fils se drogue. »

« Ma femme est déprimée. »

« Mon mari est violent. »

« Ma fille ne va plus à l'école… »

Les systémiciens nomment cette personne « le patient désigné », mettant ainsi l'accent sur le caractère subjectif de cette dénomination.

L'approche systémique insiste sur la fonction du symptôme dont la famille se plaint dans le contexte où il est apparu et se maintient. Gregory Bateson avait observé en étudiant une tribu de Nouvelle-Guinée que le maintien du statu quo dans la tribu est en fait « un équilibre dynamique où des changements se produisent continuellement : d'un côté des processus de différenciation qui tendent à accentuer le contraste éthologique, de l'autre des processus qui contrarient continuellement cette tendance à la différentiation[15] ».

Dans une famille qui vient demander de l'aide, le comportement du porteur des troubles peut être vu comme un problème, mais l'approche systémique considère qu'il contribue involontairement au statu quo dans la famille. Le travail du psy est de comprendre comment la famille fonctionne, quels sont les problèmes relationnels éventuellement cachés qui se posent à elle, et en quoi le patient désigné contribue à la cohésion du groupe.

Monsieur et madame X viennent me voir en consultation, accompagnés du jeune Edgar, 14 ans, qui leur donne bien du souci. Il ne va plus en classe, dort le jour et joue toute la nuit à des jeux en ligne, fume du cannabis. Ce comportement est apparu il y a quelques mois, jusque-là c'était un enfant sans problèmes. Ils ont une fille aînée qui ne vit plus avec eux, elle fait ses études dans une autre ville. Au cours du premier entretien, il apparaît que le couple parental est en difficulté, monsieur a une liaison extraconjugale et madame songe à demander le divorce. Le comportement d'Edgar peut être compris comme une tentative involontaire de maintenir ses parents en relation, unis face aux problèmes qu'il leur pose.

Les techniques d'intervention systémiques doivent beaucoup à l'application à la thérapie des théories de la communication développées entre autres par Paul Watzlawick* (1921-2007) : la connotation positive (je félicite Edgar pour le sacrifice qu'il fait de ses études pour venir en aide à ses parents), la prescription du comportement (je demande à Edgar de poursuivre voire d'amplifier les conduites qui posent problème à ses parents), l'utilisation de la résistance (je reconnais le comportement opposant d'Edgar et le qualifie positivement). Les interventions systémiques ont pour finalité le changement vis-à-vis d'une situation vécue comme problématique. Paul Watzlawick définit deux types de changement : celui qui n'a pas d'effet thérapeutique (le « changement de type 1 ») et qui n'est qu'un moyen de maintenir le système à l'identique, et celui qui a un effet thérapeutique et correspond à un véritable réagencement des relations au sein de la famille (« changement de type 2 »).

Le couple Y est au bord du divorce. Madame reproche à son mari d'être uniquement préoccupé par son travail, elle se montre de plus en plus distante et lui a annoncé qu'elle allait consulter un avocat. Lui ne souhaite pas divorcer, fait des efforts, travaille moins et se rend disponible pour son épouse. Elle se réjouit de ce changement et renonce à son projet de divorce. Monsieur, dûment rassuré, reprend le comportement à l'origine du problème. Ce type de séquence décrit le changement de type 1 qui n'a pour fonction que de maintenir la

* Membre fondateur de l'École de Palo Alto, psychologue et psychothérapeute, auteur de *Une logique de la communication*. *La réalité de la réalité* ou encore *Faites vous-même votre malheur*.

relation conjugale à l'identique. « Il faut que tout change pour que rien ne change ! » Cette phrase est tirée du livre de Giuseppe Tomasi di Lampedusa *Le guépard*, adapté au cinéma par Luchino Visconti. Il met en scène le prince de Salina, confronté en 1860 à une société italienne en ébullition et qui incarne une aristocratie en passe de perdre ses privilèges… L'amplification des règles dysfonctionnelles (conseiller à l'un de travailler encore plus, suggérer à l'autre de se montrer encore plus distante alors que son mari fait des efforts pour travailler moins), l'analyse de la conception du monde des deux époux (qui doit permettre de comprendre en quoi il est utile à l'épouse d'être mariée à un homme qui n'est pas disponible pour elle et à lui d'avoir une épouse constamment insatisfaite) sont des techniques qui doivent permettre à ce couple de trouver un mode de relation plus satisfaisant.

Ce type d'intervention a une dimension paradoxale au sens premier du terme, c'est-à-dire qu'elle va à l'encontre d'une opinion communément admise. Les thérapeutes familiaux l'appellent contre-paradoxe car il répond au fonctionnement paradoxal des familles*.

L'approche systémique tire sa force d'un certain effet de surprise que ce type d'intervention provoque. Venue avec l'idée que le patient désigné est le problème, la famille ou le couple se voit proposer une vision différente de la situation qui va l'aider à trouver une façon moins coûteuse de fonctionner.

* Une approche formalisée par Mara Selvini (1916-1999). Mara Selvini est une psychiatre italienne fondatrice en 1971 d'une école de thérapie familiale dite « école de Milan ». Elle est connue pour ses travaux concernant la prise en charge des familles dont un des membres est anorexique ou schizophrène.

Il existe de multiples façons de pratiquer la thérapie familiale. Le simple fait de considérer que la famille d'un patient désigné n'est pas le problème mais qu'elle fait partie de la solution change complètement la donne, pourvu que les thérapeutes sachent la traiter avec empathie et respect. Les parents sont toujours culpabilisés quand leur enfant ne va pas bien. Ils s'attendent à ce que les psys leur en fassent reproche, ils ont forcément raté quelque chose. Proposer à ces familles en souffrance une autre grille de lecture de ce qui leur arrive est déjà en soi un soulagement. Il peut s'agir de thérapie d'accompagnement au long cours pour des problèmes chroniques ou de thérapies brèves (quelques séances) ayant pour visée le changement. Les indications sont nombreuses, des problèmes de couple jusqu'aux familles dont l'un des membres est schizophrène.

LE DÉVELOPPEMENT PERSONNEL

Tentative de définition

Définir le développement personnel n'est pas évident, car sous cette appellation on retrouve un ensemble hétéroclite de théories et de pratiques. Leur fondement commun est l'idée que chacun dispose d'un potentiel inexploité qu'il suffit d'apprendre à développer pour atteindre le bonheur. On est ici aux limites de la psychothérapie, le développement personnel s'adresse à tous, malades comme bien portants.

Chacun est maître de sa vie, tous les déterminismes, sociaux, génétiques, psychologiques peuvent être dépassés pourvu que l'on dispose d'une méthode adéquate. Le développement personnel repose sur un certain nombre de postulats bien en phase avec l'individualisme contemporain, d'où son succès. Premier postulat : le but de la vie, c'est le bonheur, érigé ici en valeur suprême. Deuxième postulat, qui découle du premier : tout le monde peut être heureux, il suffit de le vouloir et de s'en donner les moyens. Troisième postulat : le bonheur dans la vie repose sur le développement des capacités inexploitées qui sont en vous.

Il s'agit de postulats, car toutes ces affirmations sont contestables. On peut avoir dans l'existence d'autres priorités que son bonheur personnel, par exemple être utile socialement, obéir aux commandements divins, accomplir une œuvre en tant qu'artiste, préserver l'environnement. Les inégalités biologiques, culturelles, sociales pèsent sur chacun d'entre nous. Nous n'avons pas tous le même potentiel, les mêmes capacités. Certains sont plus doués que d'autres. Le développement personnel avance avec la force de l'évidence (tout le monde veut être heureux, riche et en bonne santé) et ignore toute interrogation sur les inégalités ou le sens de la vie.

J'ai déjà évoqué Émile Coué. C'est à lui que revient l'intuition première qui trouvera par la suite son prolongement avec les techniques de développement personnel. Il considère que toute idée qui se grave dans notre esprit tend à devenir réalité dans l'ordre du possible. « Si étant malade nous nous imaginons que la guérison va se produire, celle-ci se produira si elle est possible. Si elle ne l'est pas, nous obtiendrons le maximum d'amélioration qu'il est possible d'obtenir[16]. »

Pour Émile Coué, c'est l'imagination plus que la volonté qui nous fait agir, et l'imagination peut être guidée par l'autosuggestion consciente. Il pratiquait sa fameuse méthode au cours de séances collectives où la suggestion hypnotique laissait place à l'autosuggestion. Une fois rentré chez lui, le sujet devait répéter 20 fois le matin et 20 fois le soir la formule « tous les jours à tous points de vue je vais de mieux en mieux » en s'aidant pour ce faire d'une cordelette à 20 nœuds.

La méthode Coué a suscité un vif enthousiasme entre les deux guerres, surtout aux États-Unis. En France, jusqu'à ces dernières années, toute référence à la méthode Coué signifiait « prendre ses désirs pour des réalités » et suscitait ironie et sarcasmes. Aujourd'hui, elle bénéficie d'une sorte de retour en grâce par contiguïté avec certaines approches actuelles, plus modernes mais, au fond, peu différentes.

À sa suite, on trouve les Américains Dale Carnegie[17] et Norman Vincent Peale[18]. Dale Carnegie insiste sur la pensée positive dans la réussite professionnelle et propose des exercices visant à l'émergence de ce qu'il appelle la « sincérité intentionnelle ». La personne qui vous vend une voiture doit avoir l'air « sincèrement » convaincue que vous allez faire une bonne affaire pour vous en convaincre. Il ne s'agit pas d'être sincère parce que c'est une valeur en soi mais parce que c'est le seul moyen de parvenir à ses fins. Norman Vincent Peale a exposé son concept de « pensée positive » et propose une méthode proche de la méthode Coué, fondée sur la lecture de citations inspirantes ou la répétition de phrases supposées positives. Ces méthodes s'adressent en premier lieu aux professionnels du marketing mais la diffusion des idées de leurs promoteurs à travers des livres vendus dans le monde entier et des conférences à très large audience dépasse les milieux strictement professionnels.

Ces techniques ne se préoccupent guère d'étayage scientifique ou de psychothérapie à proprement parler. Le fameux pragmatisme américain semble suffire, les réussites exemplaires dues aux méthodes préconisées font office de preuve. Martin Seligman* ne s'en contentera pas et cherchera à fonder une « science du bonheur » qu'il oppose à la psychologie, « science de la pathologie », avec un succès discutable.

Le développement personnel a deux particularités qui en font toute la singularité. La première est qu'il n'est pas nécessaire d'être souffrant pour bénéficier d'une thérapie. La seconde, qui en découle, est qu'il doit être accessible à tous : discours aisément compréhensible, prises en charge d'une durée et d'un coût limités, formation des professionnels peu exigeante. Cette adaptation de la pratique à la clientèle potentielle attire l'attention sur une approche *marketing* très efficace mais qui pose question. S'agit-il d'aider les gens ou de gagner de l'argent ?

Le psychiatre Christophe André, pionnier de l'introduction en France de la méditation en psychothérapie, assume sans états d'âme cette démocratisation de la psychothérapie : « Là où les pratiques antiques étaient réservées aux élites, suffisamment lettrées ou riches pour s'y consacrer, les pratiques modernes s'adressent au plus grand nombre, au travers de la presse, des émissions de télé ou de radio, des livres de "*pop psychology*" (le rayon développement personnel est l'un des plus dynamiques et

* Né en 1942, chercheur en psychologie, universitaire, titulaire de nombreux prix dont celui de l'American Psychological Association qui l'a récompensé en 2006 pour sa contribution à la recherche fondamentale en psychologie.

des plus rentables des librairies), et globalement de la généralisation du recours aux psys, thérapeutes et autres *coachs*. D'où, d'ailleurs, une source intarissable de critiques de ce phénomène de la part des élites intellectuelles, adoptant volontiers une posture valorisante de dénonciation d'une "psychologie de comptoir", mais supportant peut-être mal de voir se banaliser et se généraliser une pratique autrefois réservée à quelques-uns. Parce qu'il se serait mis à concerner le plus grand nombre, le souci de soi serait-il devenu un vulgaire narcissisme[19] ? »

Le succès du développement personnel ne saurait suffire à fonder sa légitimité. Deux questions se posent : est-ce que ça marche et à quoi ça sert ?

L'évaluation des résultats du développement personnel se heurte aux mêmes obstacles que celle des psychothérapies. Autrement dit, parmi les millions de personnes qui ont acheté, lu et tenté de suivre les préconisations des ouvrages qui promettent bonheur et réussite, il est impossible de savoir combien ont réellement atteint le but proposé. Et parmi celles qui ont réussi, quelle est la part de la méthode, du hasard, de la décision de changer ? Inversement, l'échec n'invalide pas la méthode proposée, puisqu'on peut toujours avancer que la méthode n'a pas été correctement suivie ou que des éléments extérieurs sont intervenus pour en entraver l'efficacité. Quand le développement personnel est mis en œuvre par un coach, des facteurs non spécifiques interviennent tels que la personnalité du coach ou la conviction partagée en l'efficacité de la technique. Les témoignages de personnes qui disent avoir vu leur vie changée par le développement personnel ne prouvent guère l'efficacité de la technique. Rien ne dit qu'une autre façon de faire ne les aurait pas aidées tout autant.

Ces remarques ne disqualifient pas le développement personnel si on le compare avec les techniques classiques de psychothérapie. La question de la fonction (à quoi ça sert ?) amène en revanche des réponses plus spécifiques. Je distinguerai l'utilité pour un individu donné des effets induits par un recours massif à ces techniques. Il est légitime de poser la question au niveau sociétal dans la mesure où ceux qui prônent le développement personnel veulent explicitement en faire une technique accessible à tous et que sa diffusion est massive. Au plan individuel, bien que je ne partage aucun des présupposés qui fondent le développement personnel, je ne vois pas grand danger à tenter de suivre les conseils de Thomas d'Ansembourg (*Cessez d'être gentil, soyez vrai*), de Sarah Allart (*Happy Days, 101 expériences de psychologie positive pour être heureux 7 jours sur 7*) ou de Raphaëlle Giordano (*Ta deuxième vie commence quand tu comprends que tu n'en as qu'une*). Le seul risque est la déception, expérience qui peut s'avérer utile aux défenseurs de la pensée positive…

Je suis en revanche bien plus réservée quant aux effets de ces promesses de bonheur et de réussite au niveau de la société tout entière. Le développement personnel repose sur l'hypervalorisation de l'épanouissement individuel qui quitte la sphère de l'intime pour devenir une injonction sociale. Réussir, s'épanouir, développer son potentiel, voilà ce qu'il faut faire ! Tant pis pour ceux que ça n'intéresse pas, ou qui n'y arrivent pas. Il ne s'agit pas de rendre le développement personnel responsable de l'évolution du rapport que l'individu entretient avec lui-même et la société comme de ses effets indésirables. Tout juste peut-on s'inquiéter de le voir se greffer de manière opportuniste sur le malaise existentiel actuel et d'amplifier ainsi ce qu'il prétend réduire.

COMMENT CHOISIR SA PSYCHOTHÉRAPIE

Quel type de psychothérapie vous conviendra ? Et comment le savoir ?

L'approche classique consiste à traiter cette question par ce que l'on appelle en médecine « l'indication » : pour tel type de problème et tel type de personne, tel type de thérapie est indiqué.

Simple sur le papier. Encore faudrait-il que les différentes écoles aient une approche unifiée de la question, qui permettrait de dire que dans tel cas les TCC sont indiquées, tandis que dans tel autre c'est plutôt une psychothérapie d'inspiration analytique. Inutile de préciser que dans la réalité, c'est loin d'être le cas. Plutôt que de penser à l'intérêt du patient, chaque école pense à son propre intérêt, à la fois à sa reconnaissance par les institutions soignantes, universitaires et de recherche, et à son attractivité, qui lui permet de rester un gagne-pain pour ses affidés. Chaque école développe donc une vision extensive, à l'extrême même, de sa capacité à soigner toutes les pathologies, tous les troubles.

On gagne donc à s'intéresser aux limites que chacun se fixe ; s'il n'est pas interdit de se demander dans quel cas telle thérapie est plutôt indiquée, il est plus fécond d'en chercher les contre-indications, en partant du point de vue de chacune des écoles considérées.

La psychanalyse est indiquée pour toute personne qui le souhaite. Le désir tient ici lieu d'indication. « Y a-t-il des contre-indications à la psychanalyse ? » demande Sarah Chiche, écrivain et psychanalyste dans un article paru dans la revue *Cercle psy*[20]. Elle souligne en préambule combien Freud lui-même s'est contredit à ce sujet : tantôt il soutient que la psychanalyse doit être réservée à « des malades très sérieusement atteints », tantôt que la psychanalyse ne peut s'occuper que des névroses, « les psychoses, les états confusionnels, les mélancolies profondes ne ressortissent pas à la psychanalyse, du moins telle qu'on la pratique ici ». « Il ne serait pas du tout impossible que ces contre-indications cessassent d'exister si on modifiait la méthode de façon adéquate et qu'ainsi puisse être constituée une psychothérapie des psychoses. »

Dans la suite de l'article, Sarah Chiche souligne combien la réponse à cette question dépend « de l'école à laquelle appartient l'analyste, des capacités d'élaboration et des ressources psychiques du patient, du moment de sa vie… » À la question : « Y a-t-il des contre-indications à la psychanalyse ? », la réponse est semble-t-il : ça dépend…

Si je me livre au même exercice pour les TCC, la liste des indications qui figure sur le site d'une association belge de TCC, l'AEMTC (Association pour l'étude, la modification et la thérapie du comportement) donne le vertige. Elle est rédigée par ordre alphabétique, d'acouphènes aux troubles liés au vieillissement, en passant par l'autisme, les addictions, les problèmes liés à l'homosexualité (?), les troubles de la personnalité et j'en passe. La liste des contre-indications est plus sobre : incapacité à formuler des objectifs de changement après plusieurs séances (autrement dit l'échec de la thérapie), la dépression endogène (il s'agit de formes de dépression très sévères, dont la composante génétique est admise et qui nécessitent en général hospitalisation et traitement médicamenteux), la paranoïa et la personnalité antisociale (deux types de patients réputés « à problème » pour les professionnels).

Les limites à l'indication d'une thérapie familiale tiennent, mais ce n'est pas spécifique à cette approche, à la conception que se fait la personne en souffrance de la nature de ses difficultés et des solutions à mettre en œuvre. On objectera qu'il faut, à tout le moins, avoir une famille pour faire une thérapie familiale. Mais en son absence, il est toujours possible de travailler avec les personnes proches qui en tiennent lieu : amis, collègues, voisins.

Les limites à l'indication du coaching concernent certains troubles psychiatriques trop lourds pour que les coachs, dépourvus de compétence psychiatrique ou psychologique, puissent les traiter utilement. Le coaching s'adresse pour l'essentiel à des sujets réputés normaux, ce qui exclut les psychotiques trop éloignés de la réalité ou toute personne présentant des troubles psychiatriques en phase aiguë. Le coaching n'est pas un soin.

Les coachs se méfient aussi des pervers* (mais qui ne s'en méfierait pas ?). Encore que… comme le dit sans complexes Roland Brunner, le cofondateur de la Société Française de Coaching : « La démarche du sujet pervers ne peut être qu'une

* Si le terme pervers en langage commun décrit quelqu'un qui se plaît à faire le mal, pour un psy, la perversion correspond à un type de personnalité qui jouit de son comportement sexuel ou relationnel. N'ayant aucune souffrance (ce sont les autres qui souffrent), sa demande de thérapie est perçue comme inauthentique voire manipulatrice.

facilitation de sa jouissance, par ses mises en scène et ses manipulations. Parfois c'est le coach lui-même qui risque d'être l'objet de jouissance du pervers. Libre au coach de se prêter ou non au jeu, en facturant à la mesure de son angoisse, car toute jouissance a un prix, y compris pour le pervers[21]. » Autrement dit, si vous prenez en charge un pervers, faites-le payer…

La conceptualisation dérivée de la psychanalyse dispose, encore aujourd'hui, d'une telle prééminence intellectuelle dans la pensée française que chacun d'entre nous véhicule, souvent sans s'en rendre compte, des idées qui en découlent.

Les TCC traitent les symptômes, les psychanalystes objecteront que s'il n'y a pas un véritable travail *de fond* (sous-entendu une psychanalyse), les symptômes vont se déplacer et la thérapie n'aura servi à rien. Vous suivez une TCC pour une agoraphobie, le traitement est couronné de succès et vous êtes enfin débarrassé de ce symptôme qui grevait lourdement votre existence. La théorie psychanalytique veut que, quelque temps après, vous développiez d'autres troubles. La phobie est une forme d'organisation de l'angoisse, et celle-ci trouvera un autre moyen, peut-être plus gênant encore, de se manifester. En pratique, cette prédiction ne se vérifie pas toujours, il y a des personnes qui, soulagées d'un symptôme traité par TCC, n'en développeront pas d'autres.

Inversement, la critique que les TCC portent sur l'approche psychanalytique concerne pour l'essentiel son inefficacité supposée. Or là encore, on le verra dans le chapitre suivant autour de la question de l'évaluation, tout dépend des critères qui servent à définir cette fameuse efficacité, et il est difficile de juger de l'efficacité de la psychanalyse avec des critères propres aux TCC. Chaque approche génère ses critères de validité, il n'est pas épistémologiquement correct de les opposer les unes aux autres.

Du point de vue des professionnels, ces systèmes de pensée et de pratiques organisés en écoles quand ce ne sont pas des chapelles maintiennent certes la cohésion du groupe, mais peuvent créer un sentiment diffus de supériorité et limitent bien souvent les échanges fructueux avec les autres façons de penser et de faire.

MES CONSEILS

Le modèle proposé ne doit pas heurter votre système de croyances et de valeurs. Partir de la demande est indispensable pour établir une relation thérapeutique efficiente. Si vous souhaitez être rapidement débarrassé d'une phobie des transports qui entrave votre vie professionnelle, la psychanalyse n'est pas pour vous, pas plus qu'une thérapie familiale si vous pensez que la famille c'est l'enfer et que vous vous êtes installé à 1 000 kilomètres de vos parents pour ne plus les voir. Du moins *a priori* car, chemin faisant, les croyances se déplacent, les problématiques évoluent et la demande aussi. Mais respecter la demande explicite est indispensable. Il est nécessaire que le psychothérapeute et le patient soient d'accord avec le modèle proposé et avec ses modalités pratiques (horaires, fréquence, tarifs). C'est prosaïque mais c'est aussi le socle de la relation thérapeutique.

L'offre doit correspondre à votre demande, les contraintes de la prise en charge doivent être proportionnées au problème posé, l'investissement en temps et en argent doit vous permettre d'avoir une vie en dehors de la thérapie. Tous ces critères de bon sens devraient suffire à vous protéger des malfaisants. Et, *in fine*, même si ça ne semble pas très rationnel et si c'est difficilement quantifiable, la personnalité du thérapeute telle que vous la percevez est déterminante. La psychothérapie est toujours une co-construction. Vous allez passer un certain nombre d'heures avec votre psy et vous allez lui parler de sujets intimes en toute confiance. Il faut donc en avoir envie et ressentir que c'est possible.

3

*THE PROOF OF THE RECIPE IS IN THE PUDDING**

C'est un homme d'une soixantaine d'années, qui sort d'un séjour en hôpital psychiatrique pour dépression grave, après un passage en réanimation pour coma éthylique. Ouvrier tout juste retraité, il a souffert dans sa jeunesse d'un alcoolisme sévère. Il avait réussi à arrêter de boire et à se maintenir sobre pendant des années.

« Pas une goutte d'alcool, docteur, pendant vingt-cinq ans.

– Et comment vous vous y êtes pris pour rechuter ?

– C'était le mariage de ma fille. Toute la famille était là. Ma femme me dit : tu peux quand même boire une goutte de champagne pour l'occasion. C'est ce que j'ai fait. Eh bien, à partir de ce moment-là, je n'ai plus réussi à m'arrêter. »

* Dicton anglais revisité, que l'on peut traduire par : « La preuve que la recette est bonne est que le gâteau est réussi. »

Cette forme de rechute est caractéristique du fonctionnement de certaines personnes très dépendantes de l'alcool qui n'ont de choix qu'entre l'abstinence totale ou la consommation à outrance.

Je vois ce patient en consultation toutes les semaines. Il y a des hauts et des bas, mais l'accompagnement finit par porter ses fruits et, après deux années de suivi, j'ai le sentiment qu'il peut se passer de mes services. J'étais alors encore une jeune psychiatre, curieuse de comprendre ce qui fait que dans certains cas, je peux partager avec le patient l'idée que la prise en charge a contribué à l'amélioration de sa situation, tandis que parfois le sentiment d'échec est patent.

Lors du dernier entretien, le patient me remercie chaleureusement pour mon aide. Je l'interroge :

« D'après vous, monsieur, qu'est-ce qui vous a aidé ?

– C'est la fois où vous m'avez dit : passez une bonne semaine. J'ai compris que vous vous intéressiez vraiment à moi, que je n'étais pas seul. Ça a fait comme un déclic et je me suis senti beaucoup mieux. »

Je suis stupéfaite. Je n'ai aucun souvenir de cette séquence. Et si l'on m'avait demandé ce qui, selon moi, a été opérant dans cette prise en charge, j'aurais hésité entre les bienfaits du traitement médicamenteux, le travail sur l'histoire personnelle ou encore les échanges sur les relations de couple, mais ça…

J'ai, depuis, renoncé à demander aux patients de m'aider à comprendre en quoi j'ai pu leur être utile ou pas. Je sais qu'il n'y a pas de réponse simple à cette question et que le patient ne la détient pas. Pas plus que le praticien. Je me souviens des discussions interminables et passionnées que nous avions entre jeunes collègues pour tenter de définir la meilleure façon d'intervenir, nous décryptions à l'infini nos interventions, chacun d'entre nous espérant y trouver la confirmation du bien-fondé de sa façon de faire. Et voilà que ce patient m'offrait la réponse : une seule phrase, « Passez une bonne semaine ! », à laquelle il s'était accroché. Soudain, tout me paraissait plus clair, si ce n'est évident : il n'est nul besoin de théories ni de techniques sophistiquées apprises au cours de formations longues pour aider, ce patient venait de me donner une leçon d'humilité. L'importance de l'empathie. Même un chien peut être thérapeutique, si sa présence console de la solitude et de la tristesse.

Bien sûr il ne faut pas compter sur le patient pour valider son travail de « psy ». Dans le cas de ce patient, c'est l'empathie ressentie qui aurait été thérapeutique. En fait, cette explication n'est ni vraie ni fausse. À l'époque, elle m'a déroutée parce que j'étais à la recherche de tout autre chose. Je voulais savoir comment évaluer ma façon de procéder pour valider certaines techniques d'intervention et en abandonner d'autres. Je voulais m'appliquer à *faire bien*, dans un domaine où les critères de bonne pratique font débat quand ils ne font pas défaut.

La question de l'évaluation des résultats des divers traitements psychiatriques n'est pas simple. S'agissant des médicaments psychotropes, des procédures validées scientifiquement existent, comme pour toute autre classe de médicaments, et ce n'est pas le plus compliqué. En revanche, l'évaluation des mérites respectifs des différentes approches psychothérapeutiques pose des problèmes théoriques et pratiques (face au patient) d'une tout autre ampleur…

L'ÉVALUATION IMPOSSIBLE

Les plus hautes autorités sanitaires se sont mis en tête d'établir une évaluation des pratiques psychothérapeutiques. En 2001, la Direction générale de la santé (DGS) a donc sollicité l'Institut national de la santé et de la recherche médicale. Trois approches, considérées comme les plus utilisées, ont été retenues pour cette étude : psychodynamique (dérivée de la psychanalyse), cognitivo-comportementale et thérapie familiale et de couple.

Je me souviens de l'accueil réservé au rapport de l'Inserm[1]. Sitôt rendu public, il a suscité une polémique d'une rare intensité dont *Le Monde* se fit immédiatement l'écho dans son édition du 25 février 2004 sous le titre « L'Inserm propose une évaluation contestée des psychothérapies ». L'enjeu est d'importance pour nous, professionnels, car l'État, qui a commandé le rapport, cherche une justification scientifique pour réglementer les psychothérapies. Les tenants de l'approche psychanalytique sont vent debout. Et pour cause, selon la plupart des études dont le rapport se fait l'écho, leur pratique est considérée comme la moins efficace.

Par-delà des conceptions divergentes et des intérêts corporatistes, ce rapport ainsi que les débats qui ont entouré sa parution sont intéressants car tout ceci pose une question dérangeante : la pratique de la psychothérapie peut-elle être évaluée de manière objective et rigoureuse et, si oui, à quelles conditions ?

Si l'on y répond sans prendre le temps de la réflexion, on peut considérer qu'à partir du moment où le patient est content et dit se sentir mieux, il n'est nul besoin de chercher plus avant : *the proof of the recipe*... On peut penser aussi que si les professionnels sont satisfaits, cela devrait suffire à valider le travail fait. Si le cuisinier est content...

Cependant, les pouvoirs publics, soucieux de protéger la santé mentale de la population mais aussi de gérer au mieux la dépense publique, ne se satisfont pas d'évaluations subjectives et s'interrogent donc sur la réalité de l'efficacité des divers traitements disponibles.

L'avant-propos du rapport de l'Inserm décrit ainsi la situation de la psychothérapie en France en 2003 : « En France, les psychothérapies sont généralement conseillées aux patients par des médecins psychiatres, des psychologues, des médecins généralistes ou d'autres professionnels de santé, mais il existe aussi des demandes spontanées, en pourcentage non quantifiable car il n'y a pas de données disponibles dans ce domaine. Les psychothérapies sont le plus souvent pratiquées en "ville", dans le cadre du soin, par les psychiatres et les psychologues, et en institution par différents intervenants (infirmiers, psychologues), souvent sous la responsabilité d'un psychiatre. Dans la réglementation des soins en France, les psychothérapies ne sont pas inscrites à la nomenclature des actes techniques, à l'exception des thérapies de groupe ; il existe néanmoins une cotation "consultation psychiatrique" qui ne spécifie pas le type de soin pratiqué par le psychiatre dans cette consultation[2]. »

In fine, ce rapport apportera plus de questions que de réponses. Bousculés, les psychanalystes, mal notés, hésitent entre une réfutation du principe même de l'évaluation pour les plus radicaux et une contestation de la méthode utilisée pour les plus subtils. Ainsi, le philosophe lacanien Jacques-Alain Miller intitule un livre d'entretiens sur le sujet qui sort à point nommé : *Voulez-vous être évalué ?*[3], tandis qu'Élisabeth Roudinesco, historienne de la psychanalyse, déclare : « Ce rapport s'inscrit dans une montée en puissance de la démarche à tous crins de l'évaluation. Une démarche certes nécessaire pour tout ce qui est scientifique, mais désastreuse en psychologie, car, par définition, le psychisme qui caractérise tout sujet échappe à de telles évaluations[4]. » On ne saurait être plus clair. Le ministre de la Santé de l'époque, Philippe Douste-Blazy, ne sera pas insensible à la pression. Lors d'un congrès de psychanalystes lacaniens auquel il a été invité, il annonce qu'il fait retirer le rapport controversé du site du ministère et qu'on n'en entendra plus parler…

D'autres s'attachent à réfuter point par point la méthode utilisée[5]. Ils contestent en particulier la présence en force des défenseurs des thérapies cognitivo-comportementales parmi les experts, sous-entendant qu'ils ont pu peser sur le résultat. La technique dite de la « méta-analyse » propre à ce type d'expertise est elle aussi critiquée. Cette technique consiste à étudier de la façon le plus exhaustive possible l'ensemble des articles parus dans des revues reconnues traitant du sujet de l'étude. Un biais évident découle ici du déséquilibre numérique entre les articles traitant des TCC et ceux qui traitent des psychanalyses et des thérapies familiales, qui sont dix fois moins nombreux. Quant à la conception même du sujet à étudier, elle n'est pas neutre : la thérapie est considérée comme un traitement affecté à des troubles, comme un ensemble d'outils et de techniques susceptibles de faire disparaître les symptômes. Cette conception s'oppose à une approche plus globale, qui veut que la psychothérapie s'adresse à une personne et non à des troubles. Évaluer l'amélioration d'une personne dans son ensemble est à l'évidence compliqué. La question de la durée du traitement et de ses effets est également soulevée. Peut-on raisonnablement comparer un traitement d'une durée limitée qui s'adresse à un symptôme en particulier à un autre qui dure des années et prétend agir sur l'ensemble du psychisme ? Enfin, le moment de l'évaluation est aussi une question cruciale. Quand j'exerçais auprès de personnes toxicomanes, nous disposions d'une sorte d'internat, appelé « centre thérapeutique résidentiel ». Nous y accueillions pour une durée de six mois des sujets malades, désocialisés, nécessitant une palette d'interventions, à la fois somatiques, psychiques, addictologiques et sociales. Nos financeurs nous demandaient d'évaluer l'impact de nos stratégies de soins en fonction d'un certain nombre de critères tels que l'abstinence, la mise en place d'un traitement adapté, la possession de papiers d'identité, la situation vis-à-vis de la justice, etc. Le patient *idéal* : un homme ou une femme arrivé(e) au centre sans papiers, sans ressources légales, consommant des stupéfiants, non suivi pour son hépatite C et qui sortait abstinent, convenablement suivi médicalement et touchant le RSA. Avec un tel patient « standard » nous pouvions justifier du bien-fondé de notre activité, les financeurs étaient contents. J'ai très vite compris que si l'exercice était incontournable, il ne disait pas grand-chose de l'efficacité réelle de notre travail. Je me souviens de Mickaël. Il a quitté le centre après un séjour de six mois. Il est sous traitement pour son addiction et son hépatite, il a des papiers d'identité, une chambre d'hôtel au mois. En tous points, son parcours est un sans-faute. Un mois après sa sortie, on le retrouve mort par overdose. À l'inverse, David est sorti du centre avant la fin du séjour prévu. Il consomme assidûment de l'héroïne, il ne se soigne pas et ne fait aucune démarche pour améliorer sa situation sociale. L'évaluation n'est pas brillante. Je l'ai revu plusieurs mois après sa sortie, nettement mieux, désireux d'entreprendre un suivi au long cours. Il dit que le passage au centre a été pour lui un moment décisif, lui ayant laissé entrevoir la possibilité de changer de mode de vie. Il veut maintenant s'y employer…

Le moment où l'on évalue l'impact de la prise en charge influe sur le résultat de l'évaluation. Les thérapies brèves qui impactent essentiellement les symptômes sortent renforcées d'une évaluation qui porte sur leur réduction mesurée immédiatement à l'issue de la thérapie. Pour des psychothérapies à durée indéterminée et qui entendent modifier en profondeur le rapport du sujet à lui-même et au monde, l'évaluation reste aléatoire.

Dans ce contexte, le travail mené par l'Inserm a fâché presque toutes les personnes concernées. Les tenants des TCC ont été outrés du retrait du rapport par le ministre sous la pression des psychanalystes et certaines associations d'usagers se sont elles aussi manifestées pour exprimer leur colère.

Évaluer son travail est nécessaire quand on veut s'assurer que l'on fait au mieux et quand on est soucieux de progresser. Les patients sont eux aussi fondés à s'interroger sur la qualité et les résultats des soins qu'ils ont reçus. Dit comme ça, cela semble simple. En pratique, on l'a vu, c'est une tout autre histoire.

Personne n'échappe à ce que les cognitivistes appellent « le biais de confirmation » des hypothèses. Il s'agit de la tendance que chaque être humain aura à privilégier les informations qui confortent ses préjugés, ses convictions. Qui croit en Dieu…

Ce biais s'applique à tous et vient fatalement fausser l'appréhension que chacun, patient comme thérapeute, a du résultat d'une thérapie.

Madame X est adressée pour un état dépressif chronique ayant résisté à toutes sortes de traitements médicamenteux et à plusieurs tentatives de psychothérapie :

« Bonjour madame, que puis-je pour vous ?

– Je vais très mal, je ne dors pas, j'ai des idées noires… de toute façon, personne ne peut rien pour moi. »

Le sentiment d'incurabilité est fréquent chez les personnes souffrant de dépression. Il représente un véritable défi pour le psy : comment convaincre quelqu'un qu'on peut l'aider alors qu'il dit qu'il n'y croit pas ? Ici ce sentiment est ambivalent. Les personnes qui ne croient absolument pas qu'on peut les aider ne viennent même pas consulter, à quoi bon ? Disons que madame X est dubitative, elle espère mais sans trop y croire…

« Qu'avez-vous tenté comme traitement qui n'a pas marché ?

– J'ai pris du Prozac, mais je ne l'ai pas supporté, ensuite j'ai essayé le Séroplex, ça me faisait du bien mais ça m'a fait grossir, alors je l'ai arrêté… J'ai suivi une psychothérapie de couple, parce qu'on m'avait dit que ma dépression était due à un problème avec mon mari, mais il n'a pas voulu continuer… J'ai aussi consulté le Pr Untel, vous savez, le spécialiste de la dépression. Ça n'a servi à rien… »

La patiente que j'ai en face de moi pense qu'aucun des divers traitements qu'elle a suivis ne lui a été utile. Le problème est-il du côté de l'inefficacité réelle de ces diverses thérapeutiques ou bien de ce fameux « biais de confirmation » des hypothèses, ici la conviction de madame X que personne ne peut l'aider ?

Pour un psychiatre, le sentiment d'incurabilité fait partie du vécu dépressif. C'est un symptôme, dont un traitement médicamenteux adéquat vient à bout dans bon nombre de cas. Parfois, ce symptôme entrave l'efficience du traitement médicamenteux comme de la psychothérapie. C'est en quelque sorte le contraire de l'effet placebo. Si la patiente n'y croit pas, il y a de bonnes chances que cela ne marche pas. C'est du moins ce qui s'est produit jusqu'ici, puisque cette patiente a consulté à plusieurs reprises sans succès.

Je tente :

« Madame, je comprends que vous souffrez depuis longtemps et qu'aucune prise en charge n'a pu vous soulager. Pouvez-vous supporter de souffrir encore un peu le temps que je fasse connaissance avec vous pour éventuellement mettre en place un traitement adapté à la difficulté de votre cas ?

– Vous n'allez pas me prescrire un traitement aujourd'hui ? Mais je vais très mal, je n'en peux plus !

– Je sais bien. Mais votre cas est particulièrement difficile. Les traitements qui marchent pour les autres n'ont aucun effet sur vous. Il faut que je comprenne pourquoi. »

Mon projet est de travailler sur la construction du monde de madame X : d'où vient l'idée qu'on ne peut pas l'aider ? Quelles expériences négatives a-t-elle eues autour de l'aide, dans sa famille, avec ses proches ? Ce travail doit lui permettre de clarifier son rapport à l'aide et de choisir entre la loyauté à son expérience passée et la possibilité de vivre autre chose.

Parce que l'évaluation qu'elle fait du résultat du traitement est biaisée par sa croyance en son incurabilité, seule une remise en cause de cette croyance peut créer la possibilité que le traitement soit utile. Attaquer le mal à la racine.

Il y a quelques années, j'avais, lors d'un colloque, entendu une addictologue québécoise expliquer que nos résultats étaient faussés parce que nous ne traitions que des sujets qui venaient en consultation, donc les moins sévèrement atteints. Cette scientifique disait en substance que dès que le patient avait mis les pieds dans le bureau de consultation, il était quasiment guéri, ayant accepté l'idée que sa consommation d'alcool ou de drogue était un problème et qu'il avait besoin d'aide. Certes. Tous les psychiatres savent bien que les cas les plus difficiles concernent les patients qui ne se reconnaissent pas malades ou qui ne veulent pas qu'on les soigne tels le paranoïaque qui pense être victime d'un complot, le schizophrène qui résiste aux requêtes de son entourage à prendre soin de lui, le dépressif qui se croit incurable, l'alcoolique qui s'arrête de boire quand il veut, mais qui ne le veut pas…

Les pouvoirs publics le savent, il est impératif de mettre en place des campagnes d'information afin d'inciter à se soigner ceux qui en ont besoin. Comme praticiens, nous sommes condamnés à ne soigner que ceux qui s'adressent à nous. Comparer les résultats de nos patients à ceux qui ne sont pas suivis montre que les résultats de n'importe quelle prise en charge sont toujours supérieurs à rien. Mais il y a un biais de sélection évident, que ma collègue québécoise avait relevé à juste titre.

Je l'ai déjà dit, l'évaluation par le patient lui-même des résultats de sa thérapie n'a qu'une valeur toute relative. Il peut même arriver que le mécontentement du patient vis-à-vis de son psy soit thérapeutique ! Si je reprends l'exemple de madame X, dépressive, la prise en charge peut évoluer d'une façon telle que l'état de la patiente s'améliore contre son thérapeute.

« J'exige que vous me donniez un traitement tout de suite. Je ne vais quand même pas rester dans cet état encore des semaines !

– Si vous le prenez comme ça… Je peux vous prescrire du […], mais franchement il n'y a aucune chance pour que cela vous fasse du bien.

– Eh bien ! on ne peut pas dire que vous soyez réconfortante… Enfin, donnez toujours, on verra bien… »

Dans cet échange, ce n'est plus le sentiment d'incurabilité qui domine, mais bien l'aspect conflictuel de la relation entre le psy et sa patiente. Pour cette dernière, il est important d'avoir le dessus et son état ne pourra s'améliorer que contre le médecin. Deux semaines se passent et madame X revient :

« Eh bien docteur, vous aviez tout faux ! Je vais beaucoup mieux, contrairement à ce que vous m'aviez dit.

– Je suis contente pour vous, mais très surprise. Rassurez-vous, ça ne durera pas. »

La divergence d'opinion entre le psy et son patient sur le résultat de la thérapie n'est donc pas un problème. Il m'est arrivé d'avoir le sentiment (évaluation bien peu scientifique, j'en conviens) d'avoir fait du bon travail, tandis que la personne dont je m'étais occupée était convaincue du contraire. Cette impression de ma part reposait sur des critères objectifs : arrêt du traitement médicamenteux, reprise d'une activité professionnelle, vie affective et sociale plus satisfaisante et d'autres plus subjectifs concernant la capacité de la personne à gérer seule les inévitables difficultés de l'existence… Mais ce point de vue n'était pas partagé par le patient.

À l'inverse, il est arrivé que certaines personnes ne tarissent pas d'éloges à mon propos, tandis que j'avais l'impression, moi, de n'avoir pas vraiment été utile. En y réfléchissant, cela a sans doute concerné des situations où j'ai, sans le faire exprès, conforté leur construction du monde, trop proche de la mienne pour que je puisse m'en différencier efficacement.

Les divergences d'évaluation entre patients et professionnels se nourrissent bien souvent d'un malentendu sur les objectifs du traitement. Les patients attendent de leur psy qu'il les soulage de leurs symptômes gênants le plus rapidement possible, tandis que la plupart des psys considèrent que ces symptômes ont à voir avec le fonctionnement global du patient. On retrouve ici, à l'échelle individuelle, les éléments du débat qui a suivi la parution du rapport de l'Inserm sur l'évaluation des psychothérapies.

C'est bien pourquoi il faut trouver un terrain d'entente sur la nature des problèmes à traiter comme sur les moyens à mettre en œuvre pour y parvenir.

Qui a raison ? Le patient qui dit que son psy est nul et que le traitement ne lui sert à rien, ou le psy qui pense que le patient est fou et que son avis négatif sur le traitement fait partie de sa pathologie ?

« Chacun voit midi à sa porte », dit le proverbe. Je ne saurais parler à la place des patients que j'ai suivis, mais ce n'est pas une raison pour ne pas s'intéresser à leur point de vue, autant pour des raisons éthiques que pratiques.

On ne peut pas demander à quelqu'un de vous faire confiance et de s'ouvrir à vous si sa parole est disqualifiée *a priori* comme étant pathologique. Le suivi psy se fait le plus souvent à long terme. Hormis les situations où le traitement est réalisé sous la contrainte, il implique un accord minimum des deux parties et le respect de la parole de chacun. Le traitement sous contrainte peut être prescrit par un magistrat selon la formule de « l'obligation de soins » pour les personnes dont le comportement délictueux ou criminel peut être relié à une pathologie psychiatrique : violences, addictions diverses, crimes sexuels… Il comprend également les situations dites d'« internement » où le sujet est hospitalisé en psychiatrie contre son gré. Dans ces contextes, l'accord du patient pour le traitement n'existe pas *a priori*. Il faut savoir en tenir compte et adapter sa façon de faire à une certaine défiance du patient bien compréhensible au vu des circonstances, j'y reviendrai dans le chapitre 5.

J'ai été témoin, en quarante ans de pratique professionnelle, de nombreux changements dans la relation médecin-patient. À la fin des années 1970, et bien que le mouvement de Mai 68 soit passé par là, la plupart des médecins considéraient encore qu'ils étaient les « sachants » et que les patients devaient se contenter de suivre docilement leur avis et leurs prescriptions. Ces derniers ne contestaient d'ailleurs qu'exceptionnellement le savoir médical. La bascule s'est faite au moment de l'épidémie de sida, par un double mouvement. Les associations de patients telles que Aides ou Act Up ont pris leur sort en mains et se sont constituées en partenaires exigeants du système de soins. Le scandale du sang contaminé a créé une défiance envers la parole médicale *officielle*. Les patients sont devenus des usagers et la relation avec les médecins s'en est trouvée modifiée. Bien ou mal, il n'est plus possible pour un médecin de croire qu'il détient, seul, les clés d'un soin de qualité. En particulier lorsque cela touche au psychisme, un partenariat est indispensable, d'autant plus que, comme on l'a vu, les résultats d'une prise en charge sont hautement imprédictibles et l'efficacité des pratiques très difficile à évaluer.

Il existe sur Internet plusieurs listes de discussion sur l'incompétence des psychiatres. Sur l'une d'elles, malicieusement intitulée « quels sont les symptômes chez le psy qui prouvent son incompétence[6] ? » on peut lire :

« Ne pas répondre au [sic] questions posées, empêcher d'en poser
ne donner aucun diagnostic mais donner des médocs
prendre son patient pour un débile profond…
se faire un max de fric avec le patient
dormir pendant les consultations
oser dire à son patient qu'il l'emmerde… »

Une recherche avec les mots-clés « psychiatre compétent » n'est guère plus encourageante : « Je cherche un psychiatre compétent sur Nice, remboursé et qui ne fait pas que me laisser parler et encaisser son chèque… » ; « Oh lala vaut mieux les éviter quand on peut » ; « dans le sud pas trop de psychiatre compétent. Bon courage… » ; « Faites attention certaines personnes peuvent vous détruire votre vie et faire de vous la chose à lui et c'est aussi l'appât du gain financier… »

Il faut entendre cette colère même si elle est fondée sur une vision caricaturale. La plupart des psys s'efforcent de faire convenablement leur métier. Cela consiste à aider les patients qui s'adressent à nous à aller mieux en utilisant les moyens dont nous disposons. L'incertitude sur les diagnostics, le recours aux médicaments, le paiement des consultations, le fait d'utiliser ce que l'on ressent pour tenter de faire bouger le patient (« dire au patient qu'il l'emmerde »), tout cela peut scandaliser mais n'est pas en soi contraire aux bonnes pratiques.

Être psychothérapeute implique de s'ouvrir à la construction du monde de ceux qu'on entend aider, non pour la considérer de haut et la rectifier, mais pour en comprendre la logique et en faire le point de départ du travail thérapeutique. C'est une chance d'avoir accès à une telle diversité d'expériences et de croyances.

Néanmoins, pour nous praticiens, il demeure compliqué d'apprécier avec un minimum d'objectivité l'impact de la psychothérapie que nous menons avec un patient. Le point de vue de celui-ci est important, mais ne saurait, on l'a vu, avoir valeur de vérité. Si un patient mécontent est un problème, un patient satisfait en est un autre. Raisonner en psy implique de chercher à comprendre le sens et la fonction du discours de la personne que l'on suit dans la situation donnée.

Personnellement, les patients qui me couvrent de louanges m'inquiètent : « tout flatteur vit aux dépens de celui qui l'écoute », dit La Fontaine[7]. Ceux qui ne me trouvent aucune qualité m'inquiètent tout autant : il leur sera difficile de progresser s'ils trouvent dans cette relation thérapeutique uniquement de quoi alimenter leur colère.

La durée n'est pas un critère plus fiable. Des années de suivi ne garantissent pas que le résultat soit meilleur qu'une prise en charge brève, ou même interrompue intempestivement !

Madame Y s'adresse à moi sur les conseils d'un ami qui est son collègue de travail. Elle a un fils toxicomane qui l'inquiète énormément, sa vie est rongée par la peur et la culpabilité. J'ai trois entretiens avec elle qui, selon moi, se passent bien et permettent de poser les jalons d'un travail pour l'aider à reprendre un tant soit peu confiance dans ses capacités à faire le moins mal possible pour son fils. Au quatrième rendez-vous, elle ne se présente pas, ne téléphone pas, je n'ai plus aucune nouvelle. Je n'ai pas pour habitude de recontacter les personnes qui ne viennent plus, je considère que c'est leur liberté et que je n'ai pas à me montrer plus demandeuse qu'elles d'un suivi. Je me dis que j'ai dû mal m'y prendre, sans comprendre en quoi, et j'en reste là.

Des années après, j'apprendrai par des voies détournées que Madame Y a été enchantée de notre rencontre, disant que c'est la première fois depuis bien longtemps qu'elle a pu prendre confiance en elle et en l'avenir, et qu'elle m'en est très reconnaissante. Je ne m'en serais pas doutée.

À l'inverse, il m'est arrivé de suivre certains patients pendant des années, sans que je puisse constater d'amélioration notable.

Thérapie longue, thérapie brève, thérapie interrompue, patient satisfait, patient mécontent… aucun de ces critères ne permet à lui seul d'évaluer véritablement la qualité du travail fait et donc du service rendu. Et pourtant, pour le psy comme pour le patient, la question se pose inévitablement.

L'évaluation des pratiques continue de déchirer les psychothérapeutes et les psychanalystes. Cela n'a rien de théorique. Deux conceptions du soin, farouchement irréductibles, s'opposent. Pour les tenants des TCC, l'évaluation n'est pas un problème. Ils disposent d'une technique selon eux validée scientifiquement qui permet de définir des objectifs précis et quantifiables. Pour les psychanalystes, la question ne se pose pas en ces termes. Ils revendiquent l'aspect éminemment subjectif de l'expérience analytique, qui rend par définition inadéquate toute objectivation et donc toute évaluation des résultats avec les outils de l'épidémiologie.

N'appartenant à aucun de ces deux courants, j'assume la part d'incertitude des résultats de mon travail.

J'ai, pendant de nombreuses années, été formatrice pour des étudiants en psychothérapie familiale systémique. La formation s'adressait à des personnes ayant une activité professionnelle et qui souhaitaient acquérir les outils théoriques et pratiques nécessaires au travail avec les familles. Une question revenait souvent : comment savoir si ce que l'on fait est bien ou mal ? Cette question est légitime dans le contexte de la formation, car on se forme pour progresser et faire mieux après la formation qu'avant. Cela implique de définir une sorte de gradient et donc une meilleure façon d'exercer son métier. L'élève apprend à se sentir à l'aise et créatif dans son travail. Mais la finalité reste le service rendu au patient qui doit lui aussi s'améliorer lorsque le praticien a été correctement formé.

Je propose un premier élément de réponse. Le doute, à condition qu'il ne transforme pas le praticien en âne de Buridan*, est une attitude féconde. Il pousse à lire, à échanger, à comparer, à remettre en question sa façon de procéder. Il protège de la routine et de l'arrogance.

Mais cela ne saurait suffire. Si chaque situation est unique et singulière, considérer l'ensemble des patients que l'on traite apporte un autre point d'appui. En thérapie comme dans la vie, il faut être attentif aux situations qui se répètent. Une femme, à quatre reprises, choisit un compagnon qui

* Fable philosophique attribuée à Buridan selon laquelle un âne se laisse mourir de faim et de soif faute d'avoir pu choisir entre un plat d'avoine et un seau d'eau.

la maltraite physiquement et psychiquement : il n'est pas exclu qu'elle soit en partie responsable du problème. Un psy se comporte de telle façon que ses patients ne reviennent jamais au deuxième entretien : il doit s'interroger sur sa façon de faire. S'il ne pense qu'à se débarrasser des patients (cela existe), qu'il ne change rien, mais s'il veut les prendre en charge sur une certaine durée, il faut qu'il modifie sa façon de procéder*.

Un patient en colère contre son psy n'est pas un problème comme je l'ai dit, si cette colère sert à la thérapie. Mais un grand nombre de patients mécontents doit inciter le psy à infléchir sa pratique.

Nous n'échappons pas au « biais de confirmation » de nos hypothèses personnelles concernant nos capacités professionnelles. J'ai connu des collègues qui étaient toujours enchantés des résultats obtenus dans leur travail. J'en ai connu d'autres qui se reprochaient toujours leurs supposées insuffisances. Un patient se suicide : pour l'un, c'était inévitable ; pour l'autre, de la faute du thérapeute. Un patient semble aller mieux : pour l'un, c'était grâce à la thérapie ; pour l'autre, un hasard bienheureux…

---

* Il y a quelques années, un journal professionnel avait mené une enquête auprès des psychiatres sur leur vécu professionnel. J'avais été frappée par la réponse d'un de mes collègues, qui disait en substance : « Si tu commences à te réjouir quand les patients ne viennent pas au rendez-vous, alors tu dois te poser des questions… » Certes. Il peut s'agir de lassitude, d'un moment de vie personnelle qui rend difficile d'être disponible aux autres. Parfois, tout psy que nous soyons, nous ne sommes pas vraiment conscient de ce qui nous agit et cela peut nous amener à développer sans nous en rendre compte des comportements de rejet répétitifs et involontaires.

Le meilleur garde-fou contre une approche par trop subjective demeure l'écoute et l'intérêt pour le point de vue du patient et de son entourage, ainsi que de ses propres collègues. En matière de psychothérapie, la qualité de la recette ne garantit pas que le gâteau soit réussi. Il arrive même qu'une recette approximative donne des résultats inespérés…

4
CHOISIR SON PSY

Une fois défini le type de psychothérapie qui vous convient, il vous reste à choisir le *bon* psy. Mais comment ? Vous pouvez privilégier la théorie à laquelle il se réfère : psychanalyse, TCC, approche systémique ou autre. La formation de base de votre futur psy est importante. Comme tout métier, être psy s'apprend, mieux vaut s'adresser à une personne compétente et correctement formée. Votre psy devra aussi être capable de nouer avec vous une relation fructueuse afin que la thérapie remplisse ses objectifs.

PSYCHIATRE, PSYCHOLOGUE, PSYCHANALYSTE, PSYCHOTHÉRAPEUTE… COMMENT S'Y RETROUVER ?

Un psychiatre est un médecin spécialiste. C'est un titre qui correspond à une formation validée par l'Université en vue de l'exercice d'un métier bien défini. J'ai moi-même suivi ce cursus au début des années 1980. L'enseignement de la psychiatrie comprenait des cours et des séminaires autour des différents types de maladies psychiatriques, de leur diagnostic et de leur traitement médicamenteux, ainsi que des stages dans les hôpitaux psychiatriques, mais aucune formation spécifique à la psychothérapie. La plupart de mes condisciples suivaient à titre personnel qui une psychanalyse, qui, comme ce fut mon cas, une formation à la thérapie systémique. Mais rien n'empêchait d'exercer la psychothérapie sans aucune compétence particulière.

Un psychologue a suivi des études de psychologie à l'Université, aboutissant selon le cursus choisi à un diplôme de niveau licence, master, doctorat. Le titre de psychologue clinicien est réservé aux étudiants en psychologie ayant obtenu un master 2 dans ce domaine. Là encore, si les études comportent des cours sur le psychisme normal et pathologique ainsi que des stages, aucune formation particulière n'est délivrée pour exercer la psychothérapie et les étudiants doivent se former à titre personnel pour ce faire. Psychiatres et psychologues ont toutefois une solide formation de base qui leur donne des repères pour comprendre le fonctionnement du psychisme humain et en reconnaître les principales pathologies.

Un psychanalyste est un professionnel formé sur le plan théorique et pratique pour mener des cures psychanalytiques. La formation comporte une psychanalyse personnelle suivie d'une psychanalyse « didactique » ayant pour but l'apprentissage du métier. La formation est en règle générale complétée par la supervision des premières analyses menées en direct par un analyste formateur. De nombreux psychanalystes, Freud le premier, ont une formation initiale de médecin mais ce n'est pas une obligation.

Un psychothérapeute ? Pendant longtemps, il s'agissait simplement d'une personne qui pratique la psychothérapie. Ce n'était ni un titre ni une fonction particulière, et toutes sortes de techniques pouvaient être utilisées sans restriction. Nul besoin de diplôme ni même de formation, n'importe qui pouvait s'autoproclamer « psychothérapeute ». La France était l'un des derniers pays d'Europe à ne pas avoir réglementé la profession. Et le constat était accablant : des processus de formation hors contrôle, des pratiques hétérogènes et parfois douteuses, une pénurie de psychiatres diplômés alors que la demande d'aide psychologique sous toutes ses formes augmente, des patients qui se retournent contre leurs praticiens et des associations de victimes qui se créent... Alors en 2004, un député de Haute-Savoie, médecin de profession, s'est mis en tête de faire le ménage. Le docteur Accoyer s'est découvert un combat : il a voulu « en finir avec les escrocs de l'âme qui s'autoproclament psychothérapeutes, qui installent leur plaque en bas de chez eux, et trompent les malheureux[1] ». Un projet louable. Mais plus facile à dire qu'à faire. La « planète psy » française est prompte à s'enflammer et d'intenses débats vont secouer les différentes écoles.

En 2004, la loi encadrant le statut de psychothérapeute voit le jour. En chemin, elle a subi quelques modifications, mais le titre de psychothérapeute est désormais encadré et protégé. Pour s'en prévaloir, il faut être soit docteur en médecine et avoir validé un cycle de spécialisation théorique et pratique en psychopathologie ; soit être titulaire d'un master en psychologie ou en psychanalyse délivré par l'Université, qui comprend un certain nombre d'heures de cours et des stages pratiques. Un dispositif de validation des acquis s'applique à ceux qui n'ont aucun de ces diplômes mais qui peuvent justifier de cinq ans d'exercice au moment de la parution de la loi. Un registre des psychothérapeutes est constitué au niveau de chaque Agence régionale de santé et il est consultable en préfecture. Mais cette solution ne règle pas tout, loin s'en faut. Ces dispositions n'empêchent personne de pratiquer quelque forme de psychothérapie que ce soit et de se proclamer thérapeute, sous une appellation légèrement différente. Au pied de certains immeubles, on voit ainsi des plaques annonçant « thérapeute de couple » ou « de famille », « hypnothérapeute », « sexothérapeute »… Autant de titres non homologués, mais pas interdits. La loi n'a pas prévu de délit d'exercice illégal de la profession de psychothérapeute.

Comment savoir à qui on a affaire quand on s'engage dans une thérapie ? Certes, la question de la confiance que l'on peut accorder ou pas à son thérapeute ne se résume pas à un statut ou à un diplôme mais il n'est pas tout à fait inutile de connaître comment votre psy a été formé, d'où lui viennent sa science et ses compétences.

COMMENT SONT FORMÉS LES PSYS

Pendant quelques années, j'ai enseigné la psychopathologie à des étudiants en licence et master de psychologie. J'avais une centaine d'élèves qui écoutaient sagement en prenant des notes. D'une manière générale (et comment le leur reprocher), ils me demandaient que je leur transmette un savoir rigoureusement validé dans un domaine qui, à mes yeux, ne répond pas complètement aux critères de la science.

Prenez par exemple la psychopathologie de l'enfant. Lors de mes cours, j'expliquais que l'évolution psychologique du jeune enfant est classiquement découpée en stades. Cette notion de stade permet de suivre dans le temps le développement d'un enfant, de le comparer à des normes et donc de repérer d'éventuelles anomalies. Sauf que les stades découpent une réalité observée à travers une théorie et il en existe plusieurs. Ce tableau des stades identifiés par les trois grands théoriciens du sujet que sont Piaget, Wallon et Freud montre combien sont grandes les différences entre eux, alors que les phénomènes qui sont décrits sont les mêmes[2] !

À ce moment du cours, les étudiants ont du mal à admettre que le stade oral décrit par Freud n'est pas une réalité en soi mais un découpage du réel qui n'est ni plus, ni moins vrai que le stade de l'impulsivité de Wallon ou le stade sensorimoteur de Piaget. En fait, beaucoup confondent la description de la réalité avec la réalité.

C'est un des travers majeurs de l'enseignement délivré aux futurs psychologues, leur donner à croire que la psychologie est la science du fonctionnement psychique, dont ils auront une connaissance exhaustive à l'issue de leurs études. Un autre problème est que la plupart des enseignants se réfèrent à un courant théorique particulier, le plus souvent la psychanalyse. Mes étudiants ont été surpris par la construction de mes cours, qui exposaient les principales théories sans en privilégier aucune. Je considérais en effet qu'ils devaient être à l'aise avec les différentes conceptualisations. Ils auraient ensuite tout le temps de faire leur choix et de suivre une formation plus approfondie dans le domaine qui les intéresse.

LE DÉVELOPPEMENT DE L'ENFANT
TABLEAU COMPARATIF PIAGET/WALLON/FREUD

ÂGE	PIAGET 1896-1980	WALLON 1896-1962	FREUD 1856-1939
Avant la naissance		***STADE INTRA-UTÉRIN (centripète)*** • symbiose biologique mère/enfant • primat de l'anabolisme • parasitisme radical • réactions posturales à des stimuli	***HYPOTHÈSE D'UN STADE FŒTAL*** • narcissisme absolu • indifférenciation primitive, anobjectalité
0 mois	***STADE SENSORI-MOTEUR*** • **sous-stade 1** : exercice des réflexes • **sous-stade 2** : 1res habitudes, réactions circulaires primaires sur le corps propre • **sous-stade 3** : procédés pour faire durer les spectacles intéressants, réactions circulaires secondaires • **sous-stade 4** : coordination des schèmes 2es et application aux situations nouvelles Objet permanent • **sous-stade 5** : découverte de moyens nouveaux par expérimentation active, réactions circulaires tertiaires Conduite du support de la ficelle du bâton • **sous-stade 6** : invention de moyens nouveaux par combinaison mentale	***STADE DE L'IMPULSIVITÉ*** ***(esquisse centrifuge)*** • décharges motrices automatiques • adaptation progressive aux stimuli externes • absence de contrôle inhibiteur (impulsivité)	***STADE ORAL*** • sous-stade oral pur (succion)
2/3 mois			
4 mois		***STADE ÉMOTIONNEL*** ***(centripète)*** • symbiose affective mère/enfant • essor de l'expression émotionnelle (source d'échanges affectifs et d'existence sociale)	• sous-stade sadique-oral (morsure)
12 mois		***STADE SENSORI-MOTEUR*** ***(centrifuge)*** • importance de la loi de l'effet • triple conquête dans : la manipulation la locomotion la dénomination	***STADE SADIQUE-ANAL*** • apprentissage de la propreté • début d'indépendance • manipulation symbolique des parents • ambivalence : retenir/éliminer sadisme/masochisme
18 mois		***STADE PROJECTIF*** • mise en place de l'intelligence représentative • figuration motrice : simulacre, jeux d'alternance	

ÂGE	PIAGET 1896-1980	WALLON 1896-1962	FREUD 1856-1939
2 ans	*STADE PRÉ-OPÉRATOIRE*	*STADE PROJECTIF*	*STADE SADIQUE-ANAL*
3 ans	*ACCÈS À LA FONCTION SÉMIOTIQUE* Développement de la représentation, imitation différée, jeu symbolique, dessin, image mentale, langage, pré-concepts	*STADE DU PERSONNALISME* ***(centripète)*** • crise d'opposition de 3 ans, négativisme, indépendance, « je », « moi », « mien » • âge de grâce : séduction et narcissisme • imitation et admiration jalouse (jalousie subjective) • l'affectivité échappe au syncrétisme, elle est donc en avance sur la pensée qui reste, elle, syncrétique et pré-catégorielle	*STADE PHALLIQUE* • Œdipe et castration • travail de l'identification • surmoi
4 ans	*PENSÉE INTUITIVE* Non-réversibilité, non-transitivité, non-conservation, pensée égocentrique Syncrétisme et juxtaposition Transduction		
7 ans	*STADE DES OPÉRATIONS CONCRÈTES* • dépassement de l'égocentrisme des représentations • réversibilité opératoire • opérations infralogiques • camaraderie (réciprocité)	*STADE CATÉGORIEL* ***(6/7 ans)*** ***(centrifuge)*** • dissolution progressive du syncrétisme • opération de classement • activité de maîtrise des choses • camaraderie et collaboration	*STADE DE LATENCE* • reflux de la libido • essor de l'identification • sublimation et dérivation culturelle • « moi » plus fort, « ça » moins exigeant • élargissement des relations sociales
11-12 ans	*STADE DES OPÉRATIONS FORMELLES* • pensée hypothético-déductive • égocentrisme intellectuel, valeurs idéales, âge métaphysique • combinaison et groupe INRC, décentration progressive, réconciliation entre la pensée formelle et la réalité	*STADE DE L'ADOLESCENCE* ***(centripète)*** • poussée pubertaire • recentration sur le « moi » • crises, contrastes • aptitudes nouvelles de raisonnement • valeurs idéales, sociales ou métaphysiques • affinités électives, amitié, naissance de l'amour	*STADE GÉNITAL* • transformation de la puberté (2e poussée sexuelle) • reviviscence de l'Œdipe • accès à la sexualité adulte

Les étudiants en psychologie sont jeunes et n'ont qu'une expérience limitée de la vie. L'enseignement devrait leur permettre certes d'acquérir des connaissances, mais aussi d'en percevoir les limites et le caractère relatif, en clair de développer leur esprit critique. Mon expérience de l'Université m'a hélas convaincue que c'est loin d'être toujours le cas…

Ensuite, la psychothérapie ne se limite pas à un enseignement. Il s'agit d'une technique appuyée sur un savoir et c'est donc bien de formation qu'il s'agit.

Je reste attachée à l'idée que, pour être un psy convenable, il faut avoir fait ce que l'on a coutume d'appeler un « travail sur soi ». Le principal outil de la psychothérapie, quelle que soit la technique utilisée, c'est le thérapeute. Il est difficile d'effectuer ce travail pour les autres sans avoir mis un minimum d'ordre dans son histoire personnelle et familiale. J'ai connu suffisamment de psys (à commencer par moi !) pour savoir que ce travail ne confère aucune clairvoyance particulière dans la vie de tous les jours. Mais pour exercer le métier de psy, ce savoir sur soi-même est indispensable. Il doit permettre de ne pas projeter brutalement sur le patient sa propre problématique et d'être disponible pour écouter l'autre.

Lors de sa formation, il est aussi appréciable que le psy occupe temporairement la place du patient et vive ainsi quelque chose qui ressemble à ce qu'il fera vivre plus tard aux autres. Une hypothèse optimiste est que l'expérience vécue en formation l'empêchera d'abuser de son supposé savoir et de la place qu'il occupe. Cela implique que le formateur soit lui-même une personne attentive et respectueuse, en quelque sorte un modèle pour le futur thérapeute. Les psychanalystes doivent avoir suivi une cure psychanalytique, les autres écoles de formation sérieuses proposent à leurs étudiants des jeux de rôles où tour à tour ils sont en situation d'être professionnel ou patient. Cet exercice peut sembler anodin, mais il permet à l'étudiant de ressentir, certes dans des conditions particulières, ce que ressentent, en partie, les personnes en thérapie.

L'empathie, qui est la reconnaissance et la compréhension des sentiments et des émotions des autres individus, est une qualité utile pour être un thérapeute convenable. Cela ne s'apprend sans doute pas : il y a des empathiques nés. Mais les expériences vécues en formation peuvent contribuer à développer les capacités empathiques des étudiants. Se mettre à la place de l'autre participe de ce processus. Le travail sur soi, qu'il soit mené en thérapie ou en formation, va aider le futur psy à ne pas se vivre comme étant d'une nature différente des personnes qu'il aura en charge et à mieux appréhender ce qu'elles pensent et ressentent.

Mais l'empathie ne suffit pas, il faut bien d'autres compétences pour aider les gens à changer.

Une formation à la psychothérapie comprend nécessairement des aspects théoriques et des exercices pratiques. L'étudiant doit maîtriser les principaux concepts du modèle, en connaître l'histoire, avoir lu les ouvrages de référence. Le plus important reste toutefois l'apprentissage d'une façon de pratiquer, couplé avec le travail sur soi dont j'ai parlé.

J'ai aimé la formation à la thérapie familiale systémique que j'ai reçue parce que, sous la houlette de Mony Elkaïm, il ne s'agissait pas de formater des thérapeutes neutres, cherchant à gommer les aspérités de leur personnalité, mais plutôt d'apprendre à reconnaître ces dernières et à les utiliser.

J'ai été élevée avec une conscience aiguë et parfois pénible de ma singularité, qui me procurait un sentiment ambivalent : j'aurais adoré être *comme tout le monde* (féminine, blonde avec des cheveux raides comme Françoise Hardy, gentille, sportive, ne pas me faire remarquer, faire ma communion solennelle), mais je chérissais aussi le fait d'être à part (juive, athée, intellectuelle, insolente, nulle en sport). La formation m'a aidée à sortir de cette ambivalence pesante, à mieux assumer qui je suis et à trouver un style qui me convienne. À l'issue, je n'étais plus tout à fait la même, sans que je sache exactement comment ce changement était intervenu.

Une formation réussie ressemble à une psychothérapie : elle porte son lot de changements et de remises en question. Le regard porté sur soi et sur les autres, la façon d'exercer s'en trouvent profondément transformés. Il existe d'innombrables façons de former les futurs psys. Une formation sérieuse doit permettre à ces nécessaires modifications de se produire. Cela nécessite un peu de temps (plusieurs années à raison de séances hebdomadaires ou mensuelles selon les modèles). On ne devient pas psy en quelques semaines !

Le modèle utilisé par Elkaïm, et dont je me suis largement inspirée quand j'étais moi-même formatrice, repose sur la notion de résonance. Le thérapeute forme avec la famille en thérapie un système nommé « système thérapeutique ». Le thérapeute n'est pas en position d'observateur extérieur mais participe aux interactions qui se créent dans la situation, au même titre que les membres de la famille en thérapie.

L'observation du psy n'est pas objective, neutre, extérieure. Il est à la fois acteur et agi par les règles du système qu'il forme avec la famille.

Quand un étudiant évoque en formation ses difficultés dans la prise en charge d'un couple ou d'une famille et s'essaye à décrypter leur jeu relationnel, Elkaïm répond en substance : « Le problème n'est pas ce qu'ils nous font ou ce qu'ils font entre eux mais ce que nous faisons tous ensemble. » L'idée est d'amener l'étudiant en formation à réfléchir aux émotions qu'il ressent et à leur fonction dans le travail avec ce couple, cette famille ou cette personne. Pour Elkaïm, un système humain n'est pas simplement « un système d'individus en relation, mais un système de constructions du monde en relation[3] ». La résonance décrit cette émotion, ce sentiment, ces réactions qui émergent quand des éléments communs aux croyances de l'ensemble des membres du système thérapeutique sont en jeu.

Il est 14 heures, c'est la fin de la semaine et je reçois en thérapie madame V, qui vient ponctuellement toutes les deux semaines me parler de ses problèmes de couple. Ce jour-là, je suis fatiguée et je l'écoute d'une oreille distraite. Peu à peu, l'ennui me gagne et j'étouffe un bâillement.

« J'ai l'impression que je vous ennuie. »

Là, j'ai un problème. Je peux m'excuser ou nier. Mais j'ai été formée par Elkaïm et la notion de résonance va venir à mon secours. Si l'ennui m'envahit, l'hypothèse est que l'émergence de ce sentiment a une fonction dans la relation avec madame V, pour venir protéger sa construction du monde.

« Vous avez raison. Mais en général, mon travail ne m'ennuie pas. Je me demandais si, en dehors de moi, il y a d'autres personnes qui s'ennuient avec vous ?

– Mon mari. Il dit que je suis ennuyeuse, il ne m'écoute jamais quand je parle. Et d'ailleurs c'était pareil dans ma famille. On était quatre enfants, j'étais la plus jeune et je n'avais jamais voix au chapitre. »

À partir de cet échange, la relation se modifie. On passe d'une patiente qui venait se plaindre de son mari qui n'est pas présent à un travail possible autour de la construction du monde de madame V. Et je cesse immédiatement de m'ennuyer…

On ne saurait s'improviser psychothérapeute. Chaque école a sa pratique de la formation, qui peut se compléter par une supervision en groupe ou individuelle. Que le psy qui les soigne ait une formation cohérente avec le modèle qu'il utilise constitue pour les patients un gage de sérieux.

L'ALLIANCE THÉRAPEUTIQUE

« Compréhension sympathique, affection et amitié sont les véhicules de la psychanalyse », écrivait Freud en 1913[4]. Le concept d'« alliance thérapeutique » était né. Le terme « alliance » implique que le patient (ou la famille) doit pouvoir nouer une relation avec le psy suffisamment bonne pour envisager un travail en commun. « Thérapeutique » détermine la finalité de la relation qui est le changement. Cela donne une tonalité particulière, différente de toute autre relation, amicale, amoureuse, familiale.

Au début d'une thérapie, il y a une rencontre. Et, comme dans toute rencontre, les éléments personnels entrent en jeu : chacun cherche à savoir à qui il a affaire et comment se comporter. Le premier entretien est important, car il pose les règles de la relation et il peut s'avérer difficile d'en changer par la suite. C'est cette relation qui doit permettre au processus thérapeutique d'advenir. Patient et thérapeute travaillent ensemble à un objectif partagé : soulager la souffrance du patient ou de la famille.

Cela implique rigueur et flexibilité de la part du psy, qui va devoir s'adapter aux difficultés relationnelles de son patient tout en gardant le cap. Certains patients vont en effet avoir du mal, du fait de leur pathologie ou de leur histoire, à demander ou à recevoir de l'aide. Il nous incombe à nous, psys, de tenir compte de la conception du monde de nos patients pour essayer de les aider.

L'adage « le client est roi » ne vaut rien en thérapie. Un patient n'est pas un client comme un autre. Pour aider un patient à souffrir moins, il faut travailler de telle sorte qu'il modifie son système de croyance et sa relation aux autres. C'est pourquoi accepter sans barguigner une façon de se comporter problématique n'est pas une bonne idée. Et c'est parfois dès le premier entretien que tout se joue.

J'avais une tante qui souffrait d'une forme particulièrement sévère de cancer du sein. Le pronostic était sombre, elle le savait et n'allait pas très bien psychiquement. Nous parlons ensemble de sa situation, de son angoisse massive et de la difficulté pour elle à échanger avec son conjoint. Je lui suggère de demander à son oncologue s'il ne connaîtrait pas un psy qui pourrait la prendre en charge et lui permettre de ne pas envahir son entourage avec son angoisse. Rendez-vous est pris avec une psy qui a l'habitude de suivre des personnes atteintes de cancer. À l'issue du premier rendez-vous, ma tante me fait le récit suivant :

« J'arrive dans son bureau, je vois une dame d'un certain âge, l'air pas très commode. Je sortais d'une séance de chimio particulièrement pénible. J'avais très soif, je lui demande un verre d'eau. Elle m'a dit qu'elle n'était pas là pour ça, que je devrais attendre la fin de la séance pour boire ! J'étais indignée de son comportement. Elle m'a alors expliqué que si je cherchais de la compassion, je devais pouvoir en trouver parmi mes proches. Son rôle est de m'aider à affronter une situation difficile, pas de me plaindre. J'ai réfléchi et je me suis dit : elle a raison. »

Cette psy a été aux côtés de ma tante tout le temps qu'a duré sa maladie jusqu'à sa mort. Je ne l'ai jamais rencontrée, je ne sais pas qui elle est, mais je lui suis reconnaissante non seulement de ce qu'elle a fait pour cette tante qui m'était très chère, mais de ce qu'elle m'a appris par personne interposée.

L'alliance thérapeutique peut, comme dans cette situation, prendre une apparence rugueuse. La psychothérapeute pose les règles, précise son rôle, la patiente accepte le cadre proposé et on se met au travail.

Dans cette situation, l'attitude de la psy est contre-intuitive. L'alliance thérapeutique se noue précisément autour de cette façon de faire qui tranche avec la sympathie instinctive qu'on peut avoir pour une personne qui est gravement malade. Mais cela n'aide pas, si ce n'est à se sentir encore plus malheureux et angoissé. La psy a su mobiliser chez ma tante des ressorts qu'elle croyait disparus : la colère, le désir d'être traité comme un être humain vivant et non comme une malade.

Selon la situation et le type de psychothérapie pratiqué, les formes de l'alliance thérapeutique peuvent varier. Les thérapeutes cognitivo-comportementalistes insistent sur la nécessaire collaboration entre le thérapeute et le patient, qui travaillent ensemble à la résolution des problèmes de ce dernier. Le thérapeute s'implique personnellement dans le traitement, mais attend du patient qu'il s'engage lui aussi en étant actif lors des séances et en exécutant les tâches prévues entre deux rendez-vous. Les mêmes modalités s'appliquent pour les thérapies familiales.

Pour qu'il y ait alliance thérapeutique, il faut que le psy soit engagé, ne rejette pas les personnes qui viennent lui demander de l'aide, se montre suffisamment ouvert et empathique pour que les patients aient envie de faire le travail proposé. Mais il faut aussi que le patient s'implique et ce n'est pas toujours le cas.

Monsieur S vient consulter pour un problème de consommation d'alcool qui commence à lui causer des difficultés dans sa vie professionnelle comme personnelle. Il lui arrive de trop boire le soir et le lendemain il se montre incapable d'aller au travail. Il est professeur dans un lycée technique, a manqué plusieurs fois ces derniers temps, et son proviseur l'a menacé de lui refuser une titularisation qu'il attend depuis plusieurs années, voire de mettre fin à son contrat. L'heure est grave.

Monsieur S est célibataire et, comme il le dit, il ne peut pas se permettre de perdre son travail.

Le premier entretien se passe banalement. Je me livre aux investigations classiques dans ce type de cas : histoire personnelle, éléments familiaux, historique de la consommation d'alcool, retentissement somatique, psychique et social…

Monsieur S se dit « très motivé » et « prêt à tout pour se sortir de cette situation ».

À l'issue de l'entretien, je lui remets une feuille sur laquelle je lui demande de noter chaque jour ses consommations d'alcool de façon précise (horaires, type de boisson alcoolisée consommée) pour que, la prochaine fois, nous puissions ensemble définir une stratégie reposant sur une bonne connaissance de sa façon de consommer. Cette façon de faire est classique. Elle m'intéresse dans la mesure où elle donne des indications non seulement sur les consommations, mais aussi sur l'engagement du patient et donc sur la part qu'il prend à l'alliance thérapeutique.

La fois suivante, Monsieur S a « oublié » de remplir le document… L'entretien portera sur cet oubli, sur l'apparente contradiction qu'il y a entre son discours et ses actes, sur la difficulté qu'il a à s'engager… Cela nous éloigne-t-il du problème posé ? Pas tant que ça. S'allier au patient implique de prendre les problèmes tels qu'ils se présentent, s'abstenir de juger et faire feu de tout bois.

Il incombe au professionnel de créer un contexte suffisamment chaleureux et compréhensif pour que l'alliance thérapeutique soit possible. Cela ne dispense pas le patient d'en prendre sa part, rendant ainsi possible ce nécessaire partenariat qu'implique toute thérapie.

POURQUOI ET COMMENT FAIRE CONFIANCE À SON PSY ?

J'ai exercé plusieurs années auprès de consommateurs de stupéfiants. Au début des années 1990, toute la prise en charge reposait sur l'abstinence. Pour bénéficier d'un hébergement, d'une aide sociale, d'un suivi médical, il fallait « s'engager dans un processus de soin », autrement dit cesser de consommer. Si lors des entretiens je tentais de vérifier ce qu'il en était, la réponse était quasi systématique :

« Depuis que je suis suivi ici, je suis clean.

– Vous me surprenez, je trouve que vous avez l'air défoncé.

– Docteur, si vous ne me faites pas confiance, ça ne va pas le faire.

– Pourquoi je vous ferais confiance ? On ne se connaît pas, je sais par votre dossier que vous avez été condamné pour avoir volé le sac à main d'une vieille dame. Vous ne me semblez pas être particulièrement digne de confiance. Mais cela ne m'empêchera pas d'essayer de vous aider, tout en ne croyant pas forcément tout ce que vous me raconterez.

– Bon, mais si vous ne me faites pas confiance, ça va être compliqué. »

Effectivement.

La demande de confiance est difficile à refuser, la personne à qui on n'accorde pas sa confiance vit ce refus comme un rejet. Mais dans la vie courante, cette demande n'est généralement pas explicite : une relation humaine repose, pour être un tant soit peu satisfaisante, sur un minimum de confiance implicite. Cela va en général sans dire, et rarement mieux en le disant. Quand cette demande émerge de façon explicite, elle a pour fonction de ligoter celui à qui elle s'adresse, de le placer dans un état de vulnérabilité et de dépendance à l'autre.

Je n'avais certes pas intérêt, dans le contexte, à répondre sans y réfléchir. Aujourd'hui je serais sans doute moins abrupte. Dans l'échange retranscrit ci-dessus, la confiance est unilatérale. Il est évident que le patient ne me fait pas confiance, au sens premier du terme. Si l'on regarde la définition exacte, « la confiance renvoie à l'idée qu'on peut se fier à quelqu'un ou à quelque chose. Le verbe *confier* (du latin *confidere* : *cum*, « avec » et « *fidere* », fier) signifie, en effet, qu'on remet quelque chose de précieux à quelqu'un, en se fiant à lui et en s'abandonnant ainsi à sa bienveillance et à sa bonne foi. L'étymologie montre par ailleurs les liens étroits qui existent entre la confiance, la foi, la fidélité, le crédit et la croyance[5]. » Ici, la défiance du patient se comprend, dans la mesure où reconnaître qu'il n'est pas abstinent peut avoir des conséquences en matière d'hébergement et d'accès aux soins.

Mais pour établir l'alliance thérapeutique, un minimum de confiance est indispensable et elle ne peut être à sens unique. Si elle n'existe pas *a priori*, il faut faire sans ou trouver le moyen de la construire.

En thérapie, on a souvent affaire à des personnes qui ont du mal avec la confiance. Elles ont été trahies dans leur enfance par des parents maltraitants ou, plus tard, à travers des relations amoureuses chaotiques. La demande de confiance est souvent ambivalente : « Je veux pouvoir vous faire confiance, mais au fond je n'y crois pas et je sais qu'à un moment ou à un autre, je serai déçu. » Il n'existe pas de fatalité, le rôle de la thérapie est d'aider le patient à échapper à la répétition en comprenant les déterminismes qui pèsent sur lui et qu'il va devoir surmonter. En ce sens, quand la question de la confiance apparaît, il est utile de chercher quel rapport le patient entretient avec elle pour en tenir compte.

La confiance envers les autres est liée à la confiance en soi. Avoir confiance en soi permet d'entrer sans crainte en relation avec autrui et d'accepter un certain degré de dépendance sans peur d'être détruit.

Contrairement à l'idée reçue, faire confiance n'est pas toujours rassurant car on ne peut jamais être sûr que le dépositaire de cette confiance en soit digne. Pourquoi et comment faire confiance à son psy ?

Pour qu'une relation confiante puisse se construire entre un patient *a priori* fragile et son psy, il incombe à ce dernier de se montrer fiable. Un psy fiable est un psy qui tient ses engagements : être présent aux rendez-vous, respecter la déontologie, travailler dans l'intérêt du patient. Cela ne suffit sans doute pas à faire une thérapie efficace, mais c'est déjà beaucoup, et j'ai souvent entendu des patients me dire combien il était rassurant pour eux de savoir que je serai là, au jour et à l'heure dite, pour m'intéresser à eux.

La philosophe italienne Michela Marzano, qui a consacré un ouvrage à la question de la confiance[6], distingue le fait de pouvoir compter sur quelqu'un de fiable (*reliance* en anglais) de la confiance à proprement parler (*trust*). La « *reliance* » repose sur des éléments rationnels, qu'on peut observer et qui permettent progressivement d'accorder sa confiance. Il n'est pas bien difficile de savoir si son psy est fiable. Il y a un continuum entre le constat rassurant de cette fiabilité et le fait d'accorder sa confiance à quelqu'un, mais il y a une différence de nature. La confiance possède une dimension de foi, de croyance, qui ramène souvent le sujet à ses expériences passées, en particulier dans l'enfance. Certains individus n'ont confiance en personne, d'autres ont comme problème récurrent d'accorder toujours leur confiance à ceux qui n'en sont pas dignes et qui leur font du mal.

Les patients rejouent dans la relation avec leur psy la partition qu'ils connaissent le mieux. On peut ainsi penser que ceux qui choisissent toujours le *mauvais psy* sont comme aimantés par une absence de fiabilité plus ou moins manifeste. D'autres vous annoncent clairement la couleur :

« Bonjour docteur.

– Bonjour, qu'est-ce qui vous amène ?

– Mon amie Unetelle m'a dit que vous étiez très bien. Je l'aime bien, mais elle est plutôt naïve. Moi, vous savez, je n'ai confiance en personne. Avant de vous parler, je voudrais être sûre que vous êtes quelqu'un de sérieux. Vous avez quoi comme formation ?

– Rien qui suffise à vous rassurer. Vous avez raison, on n'est jamais trop prudent. »

Il est préférable de se montrer décevant tout de suite plutôt que de chercher à rassurer en vain un interlocuteur qui, de toute façon, n'y croit pas. Un psy qui n'a pas confiance en ses compétences (ça existe) sera comme aspiré par les doutes émis par le patient et fera des efforts à mon sens désespérés pour se montrer digne de confiance. La résonance autour de la confiance, si elle n'est pas utilisée comme un levier, deviendra un obstacle dans la thérapie.

Le travail psy avec des personnes défiantes n'est pas plus compliqué qu'avec celles qui vous accordent une confiance qu'on peut qualifier d'aveugle, puisqu'elles ne vous connaissent pas. Comme le dit le sociologue Georg Simmel, « celui qui sait tout n'a pas besoin de faire confiance, celui qui ne sait rien ne peut raisonnablement même pas faire confiance[7] ». La confiance qu'on vous accorde vous oblige.

Je suivais depuis plusieurs années un consommateur d'opiacés qui, comme la loi le lui permettait, avait demandé à conserver l'anonymat. Cette demande avait attiré mon attention car, au moment où ce suivi prend place, elle était devenue exceptionnelle. Monsieur G m'avait expliqué qu'il travaillait aux côtés de magistrats et qu'il craignait que son addiction, si elle devait être connue, lui fasse perdre son emploi. Il n'avait aucune confiance dans le respect du secret professionnel et préférait prendre ses précautions.

Les années passent et monsieur G m'annonce qu'il va être père. Malheureusement, le bébé naît avec une grave malformation cardiaque et décède au décours d'une intervention chirurgicale de la dernière chance. Monsieur G est brisé de chagrin et se bat comme il peut contre la dépression. Quelque temps après le décès de son enfant, il me fait la demande suivante :

« La loi permet de désigner un médecin pour avoir accès à l'ensemble du dossier médical de mon enfant. Il n'y a qu'en vous que je puisse avoir confiance. Je voudrais que vous alliez à l'hôpital où ma fille a été opérée, que vous regardiez le dossier pour me dire ce qu'il s'est vraiment passé. Parce que je suis sûr que le décès de mon bébé est dû à une faute et je voudrais poursuivre le chirurgien en justice.

– Je ferai ça pour vous sans problème. Mais dites-moi, si après avoir étudié le dossier, à supposer que ce soit le cas je vous dis que tout a été fait dans les règles et qu'il n'y a pas eu de faute, est-ce que vous me croirez ?

– Je vous remercie, mais finalement ce n'est pas la peine. »

Être psy finit par rendre paranoïaque. Si on me fait confiance, je me méfie. Si on ne me fait pas confiance, je peux m'en désoler. Dans la paranoïa, il y a une dimension dite « interprétative », ce qui signifie que le patient interprète de façon excessive tout ce que l'on dit, tout ce que l'on fait à travers sa grille de lecture pathologique, généralement en matière de complot ou de persécution.

Ma grille de lecture est que, dans la relation psy-patient, tout ce qui se passe a un sens et une fonction. La confiance n'échappe pas à cette approche, elle n'est pas un *a priori* indispensable, pas plus que son absence n'est un obstacle insurmontable. Pour autant, un certain degré de confiance doit finir par se construire. Il repose sur la fiabilité du professionnel et sur les effets bénéfiques attendus de la thérapie, qui doivent permettre au patient de se rassurer suffisamment pour accepter que son psy ne soit pas parfait, mais qu'il peut quand même lui accorder une certaine confiance.

SUGGESTION OU MANIPULATION

Les psys inquiètent. Ils sont soupçonnés de disposer de techniques de suggestion et de manipulation pouvant aliéner dangereusement le libre arbitre de qui tombe dans leurs filets.

La place de la suggestion dans le processus psychothérapeutique est questionnée dès les origines. En 1883, Bernheim, le psychiatre de Nancy *inventeur* de la psychothérapie, définit l'hypnose comme un simple sommeil produit par la suggestion et susceptible d'applications thérapeutiques. L'hypnose supprime l'action inhibitrice de la conscience et de la volonté, le sujet devenant alors éminemment suggestible comme tout être humain avant le temps de la réflexion.

Bernheim finira par abandonner l'hypnose au profit de la psychothérapie, considérant qu'on peut tout aussi bien utiliser la suggestion à l'état de veille que sous hypnose. Quand Freud choisit de renoncer à l'hypnose, il renonce du même coup à l'usage massif de la suggestion. Le patient abandonne un rôle passif et devient acteur de la cure. Pour autant, la suggestion n'est pas complètement éliminée, car la position du psychanalyste lui confère une autorité qui peut influencer le patient par la suggestion. La « liquidation du transfert » à la fin de la cure analytique est censée débarrasser le patient des scories de la suggestion et lui permettre ainsi d'émerger comme un Homme libre de ses choix.

Vous avez peut-être en tête ce tableau censé illustrer une des leçons du médecin Jean-Martin Charcot, à l'hôpital de la Pitié-Salpêtrière. Peint en 1887 par André Brouillet et intitulé *Une leçon clinique à la Salpêtrière*, il montre Charcot en train de reproduire une crise d'hystérie chez une patiente sous hypnose. Le contraste est saisissant entre cette femme inconsciente, dépoitraillée, offerte au regard d'un aréopage d'hommes de science, en costume. La toute-puissance du médecin se couple avec l'extrême vulnérabilité de la patiente. Ce tableau est certes le reflet d'une époque, mais l'image qu'il renvoie de la relation psy-patiente, celle d'un psy tout-puissant manipulant une patiente, victime inconsciente, a traversé les siècles.

Stéphane Laurens, professeur de psychologie sociale à l'université de Rennes, s'est intéressé aux représentations de la manipulation depuis la fin du XVIIIe siècle jusqu'à nos jours[8]. Pour ce psychologue, deux lectures d'un même phénomène s'opposent. D'un côté la représentation traditionnelle du couple manipulateur-manipulé, telle qu'on la voit dans le tableau de Brouillet ; de l'autre un sujet manipulé qui accepte de participer à un jeu avec son manipulateur. Il faut bien savoir qu'aucune technique ne permet de faire faire n'importe quoi à une personne sous emprise. C'est la croyance partagée entre le manipulateur et le manipulé qui en fait l'efficacité. Laurens ne croit pas à la toute-puissance d'une influence totalement étrangère au sujet qui la subit. Il souligne que l'influence est avant tout un phénomène au sein d'un groupe. L'influence qui nous touche vient d'abord de notre environnement proche. Ce qui rend l'individu fragile, c'est d'être isolé au sein d'un groupe institué car il lui est difficile de ne pas adopter les comportements de ce groupe, fussent-ils contraires à ses principes.

Pourtant, le fantasme de l'hypnotiseur qui induit par exemple à commettre un crime une personne ayant abdiqué toute volonté est tenace. De même, les psys seraient capables de laver le cerveau de leurs patients et de les faire renoncer à leurs valeurs les plus chères. La suggestion passe pour un moyen forcément déloyal d'entraîner des changements dans le comportement d'une personne puisqu'elle opère à son insu et se transforme alors en manipulation.

La capacité des psys, censés disposer d'une bonne connaissance des mécanismes psychiques conscients et inconscients, à induire chez les patients des changements de comportement, sans que ceux-ci puissent savoir comment, nourrit le procès en manipulation qui leur est fréquemment fait.

Je reçois madame R qui me demande de l'aider. Elle vit seule avec un fils âgé de 30 ans, grand consommateur d'héroïne. Elle n'arrive pas à poser des limites, il lui prend tout son argent, elle n'a plus de vie personnelle et ne sait comment faire. Le fils ne veut pas se soigner, c'est sa mère qui souffre de la situation, c'est elle qui demande que ça change.

« Je ne peux pas soigner votre fils s'il ne le souhaite pas, mais je peux vous aider à définir vos limites et à les faire respecter.

– Mais ça va aider mon fils ?

– Rien n'est moins sûr, mais d'après ce que vous me dites, ça ne peut pas être pire. Et si vous vous en sortez mieux, ça sera déjà ça. C'est vous ma patiente, c'est pour vous que je vais travailler, ni pour ni contre votre fils. »

La thérapie fonctionne bien. Madame R finit par arriver à faire partir son fils de la maison sans en être culpabilisée. Ce dernier est furieux et crie à la manipulation. D'après ce que madame R me dit, il est convaincu que sa mère est sous emprise, que le fait de ne plus accepter de se laisser envahir ne correspond pas à sa *vraie* personnalité qui est d'être entièrement dévouée à son fils. C'est pour lui la seule explication possible, tout autre regard amenant nécessairement à considérer sa mère sous un autre angle, ce qui lui est à l'évidence difficile.

Ce type de réaction émanant de l'entourage d'une personne en thérapie qui commence à changer est classique, quand bien même le changement était attendu et espéré. Un mari alcoolique qui cesse de boire, ce n'est pas forcément une bonne nouvelle pour l'épouse qui n'est jamais parvenue à obtenir ce résultat en trente ans de vie commune. Le soupçon de manipulation permet de penser que ce résultat a été obtenu d'une manière sournoise et forcément déloyale.

Cette idée repose sur une conception de l'individu qui pourrait passer d'une absolue liberté à une absolue soumission, d'un coup de baguette magique. La liberté du sujet s'exprimerait dans le comportement qui le fait souffrir et le changement serait forcément obtenu par la manipulation, comprise ici comme une volonté nécessairement extérieure.

Il y a une citation de Mao Zedong que j'aime bien. Elle dit en substance : « Les causes externes agissent par l'intermédiaire des causes internes. Une poule peut couver une pierre, il n'en sortira jamais un poussin. » Personne n'a la capacité de créer chez autrui des pensées et des comportements qui lui sont complètement étrangers. Nous autres psys ne pouvons qu'amplifier des éléments dormants et permettre ainsi le changement.

Suggestion, influence, manipulation sont consubstantielles à toute relation humaine. Le *Petit traité de manipulation à l'usage des honnêtes gens*[9] décrypte les principales techniques de manipulation en usage dans la société, en dehors d'une quelconque pathologie et de toute volonté de nuire (puisqu'il est « à l'usage des honnêtes gens » que nous sommes tous). Tout le monde utilise et subit des techniques de manipulation plus ou moins innocentes que Joule et Beauvois décrivent ainsi : le pied dans la porte (demander l'heure à quelqu'un avant de lui demander une cigarette), la porte au nez (exagérer une première demande qui va être refusée pour en formuler une seconde moins coûteuse), l'étiquetage (dire à quelqu'un qu'il est généreux avant de lui demander un don).

Personne n'est absolument libre et n'exerce son jugement en dehors de toute influence.

La manipulation est inévitable et donc acceptable dans certaines limites. Si je considère la relation psy patient, quelles sont les limites à ne pas dépasser ?

Les thérapies qui ne s'arrêtent jamais me laissent perplexe. J'ai une amie qui est en psychanalyse depuis trente ans au moins et qui s'angoisse à l'idée du décès de son psy, maintenant fort âgé. La relation n'a, selon moi, plus rien de thérapeutique, il s'agit de deux personnes qui n'arrivent pas à se séparer, chacune étant dans l'illusion que l'autre ne peut se passer d'elle. Pourquoi pas ? Mais pour moi, une thérapie réussie est une thérapie qui restaure les capacités d'autonomie du patient qui doit pouvoir concevoir sa vie sans son psy. La psychothérapie n'a pas pour objectif d'assujettir le patient à vie à son thérapeute. Le psy doit pouvoir accepter que son patient demande à cesser la thérapie.

Le caractère nécessairement contractuel de l'exercice de la psychothérapie est important. Les règles sont posées, elles doivent être respectées, et le patient s'engage en connaissance de cause, même s'il y a toujours, chemin faisant, des évolutions imprévues auxquelles il faudra s'adapter. Les règles ne doivent pas être dérogatoires au droit commun. Le tarif, la fréquence, la durée des séances doivent correspondre au service rendu. Des règles raisonnables sont une garantie contre les charlatans et les dérives sectaires.

La demande d'aide rend la relation psy-patient légitime. Il m'est souvent arrivé de recevoir une mère, un père, une épouse qui venait pour que je soigne à distance, par personne interposée, un fils, une fille ou un mari souffrant d'addiction mais qui ne voulait pas résoudre son problème. Il est impossible d'accéder à ce type de demande dont le caractère manipulatoire dépasse les limites admissibles. Chacun doit demander pour soi-même. Je peux juste proposer, comme je l'ai fait dans le cas décrit plus haut, d'aider la personne qui demande à modifier sa relation avec le supposé patient. Il n'est pas rare que cela oblige ce dernier à changer, mais c'est alors une conséquence du travail mené et non un but explicite.

Il reste ce que l'on appelle la « manipulation vertueuse ». Cela consiste à utiliser les techniques connues de manipulation pour le bien de celui à qui elles s'appliquent. À l'acmé de l'épidémie de Covid, on peut considérer que l'intense communication fondée sur la peur s'est apparentée à de telles pratiques. Égrener tous les soirs la litanie des morts et des malades en réanimation, montrer à la télévision des services hospitaliers débordés a largement contribué à faire accepter au plus grand nombre les rigueurs du confinement pour sauver des vies.

Pour un psy, le fait d'avoir pour mandat et pour objectif de soulager la souffrance autorise le recours à des techniques de psychothérapie que l'on peut considérer comme manipulatoires. Certaines de celles que j'utilise y ressemblent, dans la mesure où leur finalité n'est pas explicite et où j'en attends un certain effet qui n'est pas perceptible *a priori* par le patient.

La connotation positive chère aux thérapeutes systémiciens consiste à montrer au patient ou à la famille un comportement jugé problématique sous un angle positif. Le jeune qui manque l'école cherche à rapprocher ses parents au bord du divorce, le mari qui ne fait rien à la maison protège la construction du monde mental de son épouse qui considère que personne ne peut l'aider… Mais la manipulation reste limitée et si le patient ou la famille récuse cette intervention présentée comme une hypothèse, je n'insiste pas. Il n'est pas question de forcer un patient à accepter une définition de sa situation qui le heurte. Il s'agit d'un exercice relativiste : montrer qu'il existe une vision alternative de la situation et qu'elle permet de sortir de la répétition douloureuse pour inventer d'autres possibles.

Au final, rien ne garantit qu'une relation psy-patient soit bénéfique. Mais il existe des garde-fous, ceux que j'ai passés en revue : formation correcte et adéquate aux techniques utilisées, construction d'une alliance thérapeutique suffisamment solide, confiance, absence de pratiques visant explicitement à aliéner la liberté du patient… Tous ces éléments contribuent à créer un contexte suffisamment rassurant pour qu'une thérapie soit possible.

Toutefois, il n'existe pas de « contrat de confiance » possible qui assurerait que tout va bien se passer. Y croire est déraisonnable. C'est un peu comme ces personnes qui vont sur des sites de rencontre pour chercher un compagnon ou une compagne. Certains critères ne sont pas bien compliqués à respecter. Le genre, l'âge, l'orientation sexuelle, ou encore la catégorie socio-professionnelle permettent d'éliminer ceux qui ne conviennent pas à l'évidence. Si je cherche un homme d'une cinquantaine d'années, je ne vais pas prendre rendez-vous avec une jeune fille de vingt ans. Mais cela ne garantit en rien une relation heureuse. Aucune science ne peut vous assurer une relation épanouissante, quoi qu'en disent certains marchands d'illusion.

Il faut donc accepter, dans sa vie personnelle comme dans sa relation avec son psy, une part irréductible d'imprévisibilité.

5

CINQ (BONNES ?) RAISONS DE NE PAS ALLER VOIR UN PSY ALORS QU'ON POURRAIT EN AVOIR BESOIN

Il y a quelques mois, un ami m'appelle, très inquiet :

« Ma sœur ne va pas bien. Elle a des problèmes avec sa fille, son couple n'est pas au top, elle me semble déprimée mais elle ne veut ni prendre un traitement, ni voir un psy.

– Dis-lui qu'elle me téléphone si elle le souhaite. Je peux déjeuner avec elle pour discuter et voir ce qu'on peut lui proposer. »

J'ai déjà rencontré cette femme chez mon ami et effectivement je ne l'avais pas trouvée très en forme. Je n'envisage jamais de prendre directement en charge des personnes proches. J'ai étendu depuis des années ce principe à mes amis et à leur famille, préférant toujours leur conseiller si besoin d'aller consulter quelqu'un d'autre que je peux leur recommander.

Le secret professionnel s'applique aux psys, mais les patients sont libres de commenter publiquement leur psychothérapie et les faits et gestes de leur psy. Cela me gêne, je préfère dresser une frontière le plus étanche possible entre mes activités professionnelles et ma vie personnelle. Il ne manque pas de psys compétents, un autre que moi fera aussi bien l'affaire.

La sœur de mon ami finit par me téléphoner, nous convenons d'un rendez-vous pour déjeuner et parler.

Lors de ce repas, cette femme – qui, de son propre aveu, ne se sent pas bien, est triste, a une vie conjugale peu satisfaisante et des conflits avec sa fille – va dérouler devant moi un véritable florilège des raisons pour lesquelles elle n'ira pas consulter, quand bien même elle est consciente que ça lui serait utile. Ce chapitre doit beaucoup à cette conversation, mais j'ai souvent entendu, dans d'autres contextes, ce type d'arguments.

Nul n'est tenu de suivre une psychothérapie, chacun est libre. La majorité des gens arrivent à mener une vie qui leur convient sans y avoir recours. Mais mieux comprendre les réticences qui entourent la psychothérapie pourrait aider certains psys à modifier leur façon de faire et, qui sait, à minorer certaines inquiétudes chez de potentiels patients.

JE N'AI PAS BESOIN D'AIDE, JE VAIS M'EN SORTIR TOUT SEUL

Se faire aider n'est pas très valorisant. Dans notre société, bien élever son enfant, c'est le rendre autonome. La dépendance est mal perçue et se sortir seul d'un mauvais pas est plus glorieux qu'y arriver avec l'aide d'un psy. La souffrance psychique n'est pas perçue à l'égal de la souffrance somatique. La plupart des gens acceptent sans difficulté d'aller consulter un médecin pour un problème physique, tandis qu'il ne semble pas indispensable de soulager la douleur morale.

« On ne peut forcer à boire un âne qui n'a pas soif », dit le proverbe. Aider quelqu'un qui ne le souhaite pas est mission impossible. J'ai peu de chance en tant que psy de rencontrer une personne qui ne veut absolument pas rencontrer un psychothérapeute, mais il peut arriver que sous la pression de l'entourage, quelqu'un parvienne jusqu'à mon bureau en traînant les pieds.

« Bonjour, comment puis-je vous aider ?

– C'est ma femme qui trouve que je suis déprimé. Elle m'a dit que je devais aller vous voir.

– Et vous en pensez quoi ?

– C'est vrai que je suis triste, mais je pense que je peux me débrouiller tout seul. »

Pour qu'un processus psychothérapeutique s'instaure, le patient doit le demander, faute de quoi ce sera le psy qui portera seul le désir de changement. C'est un problème à la fois éthique (doit-on légitimement inciter quelqu'un à changer alors qu'il ne le souhaite pas, est-on fondé à vouloir pour autrui ?) et technique (les résistances au changement seront telles qu'il sera bien compliqué de le mettre en œuvre).

Il est donc indispensable de prendre en considération les réticences du patient et de ne pas faire comme s'il demandait alors qu'il dit que c'est sa femme qui demande.

« Pas de problème. Pensez-vous pouvoir l'expliquer à votre femme, ou voulez-vous que je m'en charge ?

– Surtout pas, elle va encore dire que c'est elle qui fait tout et que je ne me prends pas en mains.

– Alors que fait-on ? Voulez-vous essayer de m'expliquer pourquoi votre femme pense que vous avez besoin d'aide ? »

Cet homme est inquiet et se présente comme soumis à la volonté de sa femme. Je peux percevoir qu'il est dans une relation de couple où, officiellement, madame commande et monsieur obéit. Il n'est pas certain que ce soit un problème pour lui, cela reste à vérifier.

Mon travail n'est pas de faire émerger une demande à tout prix. Je peux penser qu'une personne gagnerait à se faire aider mais je dois respecter sa position si elle ne le pense pas. En dehors de certaines situations particulières, dont je parlerai plus loin, il n'y a d'obligation ni pour le psy, ni pour la personne qui souffre.

Certaines personnes ont un talent inné pour aider autrui, elles ont la fibre aidante. Ceux d'entre nous qui choisissent des métiers qui ont pour objet d'aider les autres ont, en général, le besoin de se rendre utile chevillé au corps. Que quelqu'un entre dans mon bureau avec un air de chien battu et aussitôt, sans même m'en rendre compte, je vais avoir envie de l'aider.

On peut plus ou moins efficacement essayer de contrôler son discours, il est plus difficile de maîtriser son langage corporel.

Quand un patient s'adresse à moi, je suis sensible à ce qu'il me dit, mais aussi à ce qu'il me montre. Ce monsieur qui est en face de moi a l'air épuisé, triste, parle lentement tout en me disant qu'il peut s'en sortir seul. Je reçois un message paradoxal qui rend difficile d'élaborer une réponse adéquate. Si je crois ce qu'il me dit, je suis en contradiction avec ce que je perçois. Si je fonde mon intervention sur ce que je perçois, je suis en opposition avec ce qu'il me dit. Le plus simple est parfois de poser la question :

« Vous me dites que vous allez vous débrouiller tout seul mais quand je vous vois en face de moi, épuisé, je me demande : comment vous allez faire ? »

Il n'y a pas en psychothérapie une seule façon possible d'intervenir qui amène à un résultat prévu d'avance. Les patients ne sont pas des marionnettes dont il s'agit de tirer les ficelles d'une certaine façon pour parvenir au résultat attendu. C'est pourquoi même les plus habiles d'entre nous ne peuvent manipuler les patients pour obtenir le résultat qu'ils souhaitent, et il est heureux qu'il en soit ainsi. Il y a une part d'imprévisibilité dans l'intervention psy, tout comme dans la réponse qu'apportera le patient. À chaque instant, il se produit des bifurcations qui amènent à emprunter des chemins qui peuvent être des impasses ou qui permettent d'explorer de nouveaux possibles.

Poser cette question a le mérite de me mettre à l'aise et c'est déjà beaucoup. J'ai fait part de ma perplexité, il revient alors au patient de décider comment il compte se sortir de cette apparente contradiction entre ce qu'il dit et ce qu'il montre, à supposer qu'il veuille en sortir.

Il se peut qu'il se redresse, sourie et conforte ainsi l'idée qu'il n'est pas si démuni qu'il en a l'air. Il se peut aussi que ce soit son discours qui change et qu'il admette que c'est difficile pour lui. Il peut aussi se montrer plus bête qu'il ne l'est et dire qu'il ne comprend absolument pas ce que je veux dire. Il y a bien des voies pour travailler, si le patient le permet.

Plutôt que de m'intéresser à la contradiction entre langage verbal et langage corporel, je peux choisir la piste de la relation conjugale. Monsieur se présente comme soumis à son épouse, est-ce toujours comme ça, en quoi est-ce un problème pour lui, pense-t-il que je puisse le rencontrer avec sa femme pour bien comprendre ce qui se passe ?

Je peux aussi choisir, comme porte d'entrée, le rapport de monsieur avec la notion d'aide : qu'a-t-il contre l'idée de se faire aider, quelles ont été ses expériences négatives ?

Choisir une voie d'investigation plutôt qu'une autre ne répond pas à une démarche totalement rationnelle et consciente. Le dialogue va vite, et je n'ai pas le temps de peser le pour et le contre d'une question plutôt que d'une autre. Ma démarche est empirique : j'essaye et si je tombe sur une impasse, je fais marche arrière et je tente autre chose. L'expérience me permet, par analogie avec des situations déjà rencontrées, de disposer d'une palette variée d'interventions possibles et de ne pas tenir à une façon unique de faire.

Tout ceci n'est possible que si la personne qui va mal accepte de rencontrer un psy. Il y a des sujets qui s'y refusent, et alors c'est l'entourage qui porte le problème. Voir quelqu'un qui nous est cher souffrir et refuser l'aide qu'on lui propose est forcément douloureux. Je ne peux m'empêcher de penser que, dans ce type de situation, le message est destiné aux proches plutôt qu'au psy. Ce n'est pas le refus d'une aide professionnelle mais la revendication de plus d'attention de la part de l'entourage qui est ici en cause.

UN CAS PARTICULIER : L'AIDE SOUS CONTRAINTE

La loi permet, dans certains cas, d'obliger une personne à se soigner. Cela ne s'applique en France qu'à des actes délictueux ou criminels auxquels le magistrat attribue une dimension psychopathologique : violences, agressions sexuelles, infractions au Code de la route, implications dans des accidents sous l'emprise d'alcool ou de stupéfiants. La loi permet aussi d'hospitaliser contre son gré toute personne présentant des troubles psychiatriques qui la rendent dangereuse pour elle-même ou pour autrui.

Ayant exercé pendant de nombreuses années auprès de consommateurs de stupéfiants ou d'alcool, j'ai souvent été amenée à recevoir en consultation des personnes sous injonction thérapeutique* ou obligation de soins. Les psys ne sont en général pas très à l'aise avec ce type de dispositif. Mes collègues sont, dans leur immense majorité, attachés à l'idée que seule une demande authentique émanant du patient rendrait la thérapie possible. Dans le cas des traitements sous contrainte, c'est la justice qui est demandeuse, le justiciable

* Modalité prévue spécifiquement par la loi pour les délits d'usage de stupéfiants. La justice peut renoncer aux poursuites si le délinquant accepte de se soigner et produit des certificats de suivi établis par un médecin.

ayant le choix entre rencontrer un psy ou voir sa condamnation aggravée.

Je ne pense pas qu'il y ait des sujets absolument libres, pas plus que des demandes d'aide parfaitement authentiques. Les patients qui viennent nous voir ont un entourage qui influe sur leur demande et leur démarche est déclenchée par des motifs dont ils ne sont pas toujours pleinement conscients. Le premier travail à mener est de faire émerger une demande à laquelle, en tant que psy, il soit possible de répondre. Ce n'est pas donné *a priori*, parfois on n'y arrive pas.

Il faut accepter que la seule demande claire d'un patient qui vous est adressée dans ce type de contexte soit d'obtenir le certificat qu'il va pouvoir montrer au magistrat. Ce n'est pas très exaltant, mais cela fait partie des obligations quand on exerce dans le cadre du service public. Le certificat doit faire état des rendez-vous honorés par la personne et ne doit rien dire de leur contenu ni du résultat obtenu. Je prends toujours soin, dès le début du premier rendez-vous, de préciser les conditions d'obtention du fameux certificat : il suffit d'être présent aux rendez-vous. Le patient peut choisir d'utiliser le temps de la rencontre pour s'ouvrir de ses difficultés et essayer de se soigner, mais ce n'est pas une obligation.

« Bonjour, qu'est-ce qui vous amène ?

– Vous allez comprendre docteur. Je ne bois pas, ou alors exceptionnellement. »

La personne que j'ai en face de moi présente tous les signes classiques d'un alcoolisme chronique, mais n'ayant aucun mandat pour mener une investigation à des fins thérapeutiques, je m'abstiens de relever l'évidente contradiction entre ce qu'il présente et son discours.

« Et alors, comment se fait-il que vous ayez une obligation de soins pour récidive de conduite en état d'ivresse ?

– Je vais vous expliquer. Je ne bois jamais, mais au travail, il y a eu le pot de départ en retraite d'un collègue. Je le reconnais, j'ai bu un peu, je sors du boulot, je prends ma voiture, et là, juste devant moi, un barrage de police. Alcootest et suspension du permis de conduire pour six mois.

– Mais sur le jugement, je lis : récidive de conduite en état d'ivresse, suspension définitive du permis et obligation de soins.

Pas si vite ! Une autre fois, c'était l'anniversaire de mon beau-frère. Et là, on avait un peu bu. Je sors de chez lui, je prends ma voiture et, là encore, barrage de police, alcootest et passage chez le juge. C'est pour ça que je suis là.

– Vous me dites que vous n'avez aucun problème d'alcoolisme. Votre problème, c'est quoi ? La malchance ? Les deux fois où, exceptionnellement, vous buvez un peu, il faut que la police soit là à vous attendre et à vous contrôler ?

– Oui c'est exactement ça, la malchance !

– Pour la malchance, je ne peux rien. Mon travail est d'aider ceux qui sont en difficulté avec leur consommation d'alcool. Si vous pensez que ce n'est pas le cas, je ne vous serai d'aucune utilité. Venez aux rendez-vous prévus pour le certificat, c'est une obligation. Et j'aurai toujours du temps à vous consacrer, à supposer que votre rapport à l'alcool devienne un problème pour vous. »

À partir du moment où le patient se refuse à reconnaître qu'il a un problème pour lequel je pourrais éventuellement l'aider, il n'y a pas grand-chose à tenter. Je ne peux que lui faire une offre de service qu'il utilisera éventuellement quand sa situation se sera tellement dégradée que le déni deviendra impossible à tenir. J'ai reçu des dizaines de personnes qui me tenaient ce type de discours. La seule chose que j'ai pu faire a été de les accueillir correctement, de les écouter, de leur fournir le certificat auquel elles ont droit. J'en ai revu certaines des années après, parce qu'elles allaient mal et qu'elles voulaient de l'aide. S'étant souvenu de notre rencontre, elles avaient pensé que je pourrais leur être utile.

La rencontre avec un psy n'est pas thérapeutique en soi. C'est la condition minimale d'un soin possible, mais celui-ci n'est envisageable qu'autour d'une définition du problème qui convienne. Parfois, le moment n'est pas venu, la personne croit qu'elle va pouvoir continuer à vivre de la même façon en dépit des messages d'alerte. Il ne reste alors qu'à attendre, tout en regrettant le temps perdu.

Le soin sous contrainte n'est pas forcément voué à l'échec. Chacun est libre de faire ce qu'il entend des contraintes qui pèsent sur lui. Accepter de se soigner parce qu'on y est obligé ne confère aucune moins-value par rapport à une demande spontanée. Ce qui compte, c'est la qualité du processus qui s'amorce, les motifs initiaux énoncés par le patient n'ont ici qu'une importance secondaire.

LE PSY VA VOULOIR CONTRÔLER MA VIE

La peur d'aliéner sa liberté constitue un frein à consulter un psy pour ceux qui veulent aller mieux tout en restant eux-mêmes. Se débarrasser de ses symptômes gênants sans subir d'aucune façon l'influence de son thérapeute est une gageure. Même les TCC, qui sont pourtant des thérapies peu intrusives, ne fonctionnent que parce que le patient accepte de suivre les conseils de son psy et donc de subir son influence.

À partir du moment où on ne vit pas en ermite, nous subissons tous l'influence de nos proches, de nos lectures, des médias… Nous sommes plongés dans un véritable bain d'influences multiples et la plupart d'entre nous n'en souffre guère. Nous conservons le sentiment d'être libres de nos choix, de pouvoir rejeter telle influence et d'accepter telle autre. Notre jugement nous permet de faire le tri entre les multiples influences possibles, pas de les éliminer toutes. Nous choisissons le journal que nous lisons, les personnes que nous fréquentons.

À partir du moment où nous entrons en relation avec un autre, nous sommes peu ou prou soumis à son influence. Mais ce n'est qu'une partie de l'interaction, l'autre est influencé de manière réciproque. Tout va bien, l'échange semble équitable. Ce qui inquiète avec les psys, c'est le sentiment que la relation n'est pas équilibrée. Le psy va *vouloir* soumettre le patient à son influence, tandis qu'il ne sera pas influencé par lui. Cette crainte est amplifiée par la façon dont les psys travaillent. Nous ne sommes pas là pour parler de nous, nous devons rester neutres et nos affects, nos pensées ne doivent pas être perçus par le patient pour que la psychothérapie fonctionne.

Quand j'ai commencé à pratiquer, j'étais très attachée à ne rien laisser transparaître de ma vie personnelle dans mon travail. Pas de photos de mes enfants sur mon bureau, un contact aussi distant que possible.

Au patient qui me demandait : « Comment allez-vous ? », « Avez-vous passé de bonnes vacances ? »..., j'opposais un visage fermé, je ne répondais jamais. Si, ce qui était rare, il insistait, je lui rappelais que nous étions là pour lui et non pour moi, et on passait au point suivant.

Les années aidant, je suis devenue moins rigide. Sans doute ai-je pris confiance dans mes capacités à être thérapeute, et par conséquent ai-je eu moins besoin d'afficher une relation d'autorité distante pour pouvoir travailler. Les patients, du moins je le crois, se sentent davantage à l'aise dans un rapport plus ouvert, où la circulation des affects et des influences n'est pas à sens unique.

Si j'ai pu avoir de l'influence sur certains patients, je n'ai jamais imaginé avoir le moindre contrôle sur leur vie. L'idée même de contrôle sur la vie d'autrui me semble folle. J'ai vu, il y a quelque temps, un documentaire sur les féminicides[1] qui m'a fortement impressionnée. Dès le début s'installe entre la future victime et son bourreau une relation fondée sur le contrôle. L'homme s'emploie à vérifier les moindres faits et gestes de sa compagne, à anéantir progressivement toute possibilité de relation extérieure au couple. Mais il ne peut jamais être pleinement rassuré, il se livre à une escalade désespérée des mesures visant à contrôler sa compagne. Il finit par tuer cette dernière et se suicider. Les récits émanant de l'entourage des victimes décrivent tous le même crescendo fatal.

Le documentaire laisse une large place aux interrogations des amis et parents de la femme assassinée, qui se demandent comment elle a pu tomber dans les filets d'un homme aussi dangereux. Mais il n'y a que peu de questions sur l'assassin, ce n'est pas le sujet du film. Pourquoi veut-il exercer un contrôle absolu sur la personne qu'il dit aimer, que pourrait-elle faire si elle disposait d'un tant soit peu de liberté ? Il y a certes, dans ces féminicides, une caricature de la relation entre les hommes et les femmes dans une société où le machisme n'est pas encore totalement banni. Mais j'y vois aussi un couplage mortifère entre deux fragilités : celle de la femme qui confond possession et amour, et celle de l'homme qui craint l'abandon et la trahison et croit que par la violence il va pouvoir contrôler l'autre.

Ces féminicides sont une illustration de l'extrême dangerosité de l'idée de contrôler la vie des autres. C'est dangereux et c'est vain.

J'ai, tout au long de ma vie professionnelle, pu admirer la créativité des patients pour échapper aux tentatives de contrôle que j'ai vainement essayé de mettre en œuvre.

Au début des années 1990, le ministère de la Santé a autorisé quelques équipes à prescrire des traitements dits « de substitution » à des patients dépendants des opiacés. Ces traitements étaient très recherchés, rares, et le protocole de prescription très strict. Nous devions nous assurer que les patients ne continuaient pas à consommer des stupéfiants, faute de quoi ils seraient privés dudit traitement. Nous procédions régulièrement à des analyses d'urine à la recherche des produits prohibés. Plus nous intensifiions nos contrôles, plus les patients se montraient créatifs pour les contourner.

Inutile de préciser que la confiance ne régnait pas, puisque nous pensions pouvoir vérifier les dires des patients à l'aide de ces analyses d'urine et, le cas échéant, mettre en contradiction leur parole avec les résultats de ces contrôles.

J'ai, pour finir, cessé de m'y intéresser considérant qu'ils empêchaient une alliance thérapeutique minimale. Je suis revenue à une pratique plus classique, fondée sur une relation moins défiante plutôt que sur des urines plus ou moins trafiquées, et je m'en suis beaucoup mieux portée.

La personne qui refuse de voir un psy par peur de l'influence et du contrôle exprime qu'elle ne veut pas d'une relation par trop inégale, mais elle dit aussi sa crainte devant un éventuel changement. Renoncer à souffrir n'est pas si simple qu'il y paraît.

Pourquoi changer si cela doit vous obliger à occuper une place qui ne vous convient pas ? La souffrance est pénible mais elle apporte son lot de bénéfices secondaires – prise en charge par les autres, possibilité de refuser les responsabilités, être celui qu'on plaint – auxquels il peut être difficile de renoncer. L'image du psy manipulateur et tout-puissant protège la personne qui se refuse à aller consulter bien qu'elle puisse en avoir besoin : elle refuse d'essayer, ce n'est pas qu'elle ne le veut pas, c'est que les psys sont vraiment trop dangereux.

HORS DE QUESTION DE ME CONFIER À UN(E) INCONNU(E)

À l'origine de la relation, le psy ne connaît pas plus son patient que le patient ne connaît son psy. Au fur et à mesure, nous faisons connaissance. J'apprends de mon patient à travers ce qu'il veut bien me donner à voir et à comprendre, il en est de même pour lui. Mon regard sur lui évolue, tout comme son regard sur moi.

En théorie, il est déconseillé d'être thérapeute de sa famille ou de ses amis. Freud lui-même n'a pas respecté ce principe. Il s'est auto-analysé et a psychanalysé, entre autres, sa fille Anna.

La psychanalyse a théorisé l'idée de « neutralité bienveillante ». L'analyste doit être impartial, à l'écoute, froid et impénétrable, mais il doit aussi être bienveillant, chaleureux et empathique. Les deux impératifs peuvent paraître contradictoires, mais ils ne concernent pas tout à fait la même chose. Une attitude d'écoute et de distance est requise pour se rendre totalement disponible aux productions inconscientes de l'analysant, tandis que la chaleur et l'empathie sont indispensables pour que le patient se sente en sécurité et se livre sans crainte aux associations libres qui sont le moteur de la cure.

Il appartient à chaque psy de définir son style et la distance qui lui est nécessaire pour pouvoir exercer convenablement. Je peux aujourd'hui supporter un peu plus de proximité avec les patients qu'à mes débuts. Je ne m'interdis pas d'utiliser ce que je suis, ce que je ressens et ce que je pense, dans mon travail de psy, mais une trop grande proximité a, selon moi, plus d'inconvénients que d'avantages.

Je comprends qu'il est déroutant de parler de questions intimes avec une personne perçue comme étrangère. L'efficacité de l'intervention psy repose sur cette distance qui garantit, si ce n'est une neutralité absolue, du moins une absence d'enjeu personnel autre que le souci de bien faire. Plus on est proche de quelqu'un, plus il est difficile d'accepter qu'il soit radicalement différent de nous. Quand on aime quelqu'un, on attend de lui qu'il partage nos goûts et nos idées. Je me souviens d'être allée avec mon mari voir le film *Manchester by the Sea*[2]. Je connais son peu de goût pour les films dits « psychologiques », mais celui-ci m'avait tellement plu qu'avant qu'il ne s'achève, j'ai pensé : « S'il me dit qu'il n'a pas aimé, je divorce ! » La lumière s'est rallumée, nous nous sommes regardés :

« Alors ?

– Super ! »

Mon couple était sauvé.

Le patient qui s'adresse à un psy est en droit d'attendre de lui une attitude professionnelle. Tout ce qui est dit doit l'être dans le but d'aider. L'expression brute des opinions personnelles, des jugements de valeur du psy est bannie. Les émotions, les sentiments du thérapeute n'ont d'intérêt que s'ils peuvent être utilisés pour la thérapie. Je ne suis pas de bois même quand je travaille. Tel patient m'agace, tel autre m'ennuie. Quand untel entre dans mon bureau, je suis envahie par un sentiment d'abattement tandis que je suis toujours contente de voir unetelle. Rester professionnelle signifie que je dois être ouverte à ce qui émerge dans la relation avec le patient et m'interroger sur la fonction que ce sentiment occupe : ressentir et réfléchir avant d'intervenir.

Quand je suis avec mes proches, la relation n'est évidemment pas la même.

Si je ne déverse pas sur eux tout ce qui me passe par la tête, je ne passe pas mon temps à réfléchir à ce que je devrais dire ou faire. J'émets des jugements, des avis, je suis plus spontanée et je ne considère pas que mon rôle soit d'aider tous ceux qui m'entourent.

Ce que j'ai appris à travers mon métier m'a transformée, y compris dans mon appréhension des relations personnelles, et ce que je vis enrichit mon approche professionnelle. Je m'efforce de conserver à ma personne une certaine cohérence, mais aussi d'agir de façon différenciée selon le contexte. Comme je l'ai déjà souligné, je considère que le mélange des genres n'apporte rien de bon. On n'est pas le psy de ses proches, on n'est pas l'ami de ses patients.

En théorie du moins, le patient ne connaît pas son psy. En théorie seulement, car de nos jours, avec les réseaux sociaux et Google, il n'est pas très difficile de recueillir un certain nombre de renseignements sur la personne à qui l'on confie sa psyché.

Le patient est alors pris dans le dilemme de garder pour lui ses informations ou de faire savoir à son psy qu'il sait *des choses* sur lui.

« J'ai vu à la télé quelqu'un qui porte le même nom que vous. C'est votre mari ? »

« Je suis allée sur Wikipédia. Je ne savais pas que vous aviez fait de la politique. »

Le monde étant ce qu'il est, il est difficile de rester complètement mystérieux ou opaque aux autres, fussent-ils vos patients. Je peux m'en agacer ou le déplorer, mais c'est ainsi. Plus qu'une marque d'intérêt pour ma personne, j'y vois une tentative de déplacer la relation sur un terrain où le patient croit qu'il va être plus à l'aise. Puisque je sais tout ou presque de sa vie, pourquoi n'en serait-il pas de même dans l'autre sens ? La relation thérapeutique est par essence asymétrique. Le patient et moi n'occupons pas la même place et vouloir réduire l'écart est une tentation à laquelle le psy se doit de résister. Je tire ma légitimité de psy de ma formation et de mon expérience professionnelle, pas de la réussite supposée de ma vie personnelle. En cela, la démarche psychothérapeutique se distingue du développement personnel, qui érige les supposés succès de ses promoteurs en exemples à suivre.

FAUT-IL SÉLECTIONNER SON PSY SELON SON APPARTENANCE POLITIQUE ET LES VALEURS QU'IL DÉFEND ?

La différence est une richesse. Un des intérêts de la psychothérapie est la rencontre avec l'autre. Le psy aura un regard différent de celui du patient et c'est de cette différence que peut surgir du neuf. Si je vois la situation de mon patient comme il la voit, je n'ai aucune chance de l'aider à trouver d'autres voies que celles qu'il emprunte en vain depuis des années. Selon la belle formule du poète Francis Ponge : « On ne peut sortir de l'arbre par des moyens d'arbre. » Pour être capable de redéfinir un problème qui semble insoluble d'une manière telle que des solutions nouvelles émergent, il faut assumer un écart, une différence.

Le psy ne peut pour autant, au nom de la différence, s'exonérer du respect d'un socle de valeurs qui fonde la société à laquelle il appartient. Le contrat qui le lie au patient doit refléter cela. « Tous les êtres humains naissent libres et égaux en dignité et en droits[3]. » Le dispositif thérapeutique doit respecter ce principe, c'est le minimum. Si j'attends de mes patients qu'ils arrivent à l'heure aux rendez-vous, je dois en faire autant. Cela peut paraître anodin, mais une ponctualité qui s'applique au psy comme au patient dit que nous sommes tous égaux devant cet impératif. Dans le même ordre d'idées, je n'ai jamais admis que certains psys (souvent des psychanalystes au demeurant) fassent payer leur travail en liquide, échappant ainsi à l'impôt auquel leurs patients sont soumis. Il y a des règles qui doivent s'appliquer à tous, psy comme patients.

Des idées politiques divergentes sont-elles un obstacle à l'établissement d'une relation thérapeutique ? A *priori*, la psychothérapie est neutre politiquement, mais les personnes ne le sont pas.

Il y a de nombreuses années, je recevais régulièrement pour un problème d'alcool une femme d'une quarantaine d'années qui se plaignait de difficultés financières et pestait lors des entretiens contre les travailleurs sociaux :

« Bien sûr, si j'étais noire ou arabe, ils m'auraient déjà donné une aide financière. Y en a que pour les étrangers. Les Français comme moi, on peut crever la gueule ouverte ! »

Au bout de quelques séances, j'avoue que j'étais excédée.

« Je ne suis pas là pour entendre ce genre de discours. Il y a des élections dans quelques semaines, si vous n'êtes pas satisfaite, exprimez-vous dans les urnes. »

Après les élections, la patiente me dit :

« Je vous ai écoutée docteur, j'ai fait ce que vous m'avez conseillé, j'ai voté Le Pen ! »

Sur le moment, je n'étais pas fière. En y repensant aujourd'hui, je ne vois pas comment traiter autrement cette question, que de séparer le champ du politique de celui du travail psy.

L'idée qu'une psychothérapie n'est possible qu'entre personnes qui ont des opinions identiques repose sur l'illusion que plus on est proche de quelqu'un, mieux on le comprend et mieux on peut l'aider. Si tel était le cas, nul besoin de professionnels, les amis et la famille suffiraient. Or l'expérience montre que ce n'est pas vrai, du moins pour ceux qui, entourés de personnes qui les aiment, persistent à se sentir mal.

LES PSYS, C'EST POUR LES FOUS

« On entre chez le médecin en bonne santé, on en sort malade », dit le dicton. Ce n'est pas tout à fait faux, il arrive que ce soit l'examen médical qui détecte une maladie jusqu'ici passée inaperçue. De là à soutenir que la maladie n'existe pas en dehors du regard médical, il y a un pas qu'il convient peut-être de ne pas franchir. Dans *Le normal et le pathologique*[4], le médecin-philosophe Georges Canguilhem (1904-1995) pose la question suivante : imaginez qu'un homme se fasse renverser par une voiture et meure. On fait son autopsie et on découvre qu'il avait un cancer. Peut-on dire de cet homme qu'il était malade ?

Dans la lignée de ce raisonnement, on peut comprendre la crainte que la rencontre avec un psy suffise à faire un fou du sujet qui consulte. Certains régimes totalitaires ont su utiliser cette théorie afin de disqualifier les opposants : la preuve que tel dissident soviétique est fou, c'est qu'il prend des neuroleptiques et qu'il est à l'hôpital psychiatrique…

Le mot fou appartient au langage commun. Le fou, c'est celui qui se prend pour Napoléon et que l'on reconnaît parce qu'il porte un entonnoir en guise de chapeau. Dans ma longue carrière de psychiatre, je me souviens d'avoir croisé une femme âgée qui pensait être la cousine de la reine d'Angleterre, mais guère de Napoléon. Cette pathologie, appelée paraphrénie, est exceptionnelle, mais elle frappe tellement l'imagination qu'elle incarne la folie à l'état pur. Quant à l'entonnoir sur la tête, je ne l'ai jamais vu. Bien que peu réalistes, ces représentations de la folie sont parlantes : le fou, c'est celui qui ne sait plus qui il est et se prend pour un autre, il a perdu le sens des convenances, il fait n'importe quoi.

La personne à qui on conseille d'aller voir un psy est rarement dans un tel état. Elle sait (parfois pour son malheur) qui elle est, elle se comporte souvent très convenablement. Elle aimerait bien être une autre et se moquer du qu'en dira-t-on, sans doute souffrirait-elle moins. Le sujet paraphrène ne demande pas à se soigner. La patiente qui se prenait pour une cousine de la reine d'Angleterre était internée contre sa volonté, à la demande des autorités britanniques. À chaque fois qu'elle quittait l'hôpital, par fugue ou avec l'accord des médecins, elle filait à Londres et faisait le siège de Buckingham Palace pour voir sa cousine. La police l'interpellait et la ramenait en France sous bonne garde.

La folie implique un rapport à la réalité altéré. Le terme de « psychotique », qui dit clairement qu'il s'agit d'une maladie et non d'un envoûtement ou d'une lubie, est habituellement utilisé pour désigner ceux qui présentent ce type de trouble.

Mon professeur de philosophie en classe de terminale nous avait expliqué que « pour le psychotique, deux et deux font cinq, tandis que pour le névrosé, deux et deux font quatre, mais ça l'ennuie… » C'était assez bien vu.

Les psychiatres soignent les psychotiques (les fous) et de nos jours le traitement comprend des médicaments, mais aussi un soutien psychothérapeutique. Les sujets présentant des troubles du registre de la névrose (des problèmes) sont nombreux à consulter et à tirer bénéfice des diverses formes de psychothérapie.

Une personne qui souffre a toujours sa conception personnelle de la nature de ses difficultés.

Le problème de madame B, âgée de 50 ans, c'est qu'elle n'a pas été une enfant désirée. Elle *sait* que la dépression dont elle souffre est liée au rejet maternel, qu'elle se refuse à admettre, mais ce qui est fait est fait, on n'y peut rien. Le problème de monsieur et madame Y, c'est qu'ils ne sont pas d'accord sur la conduite à tenir avec leur fille adolescente en décrochage scolaire et qui fume du cannabis. Monsieur pense que ça lui passera, il a lui-même fait pas mal de bêtises dans son adolescence et cela ne l'a pas empêché de réussir dans la vie. Sa femme ne partage pas ce point de vue. Elle est très angoissée, craint pour l'avenir de sa fille. Ils se disputent tout le temps. Le problème, c'est qu'ils ne sont d'accord sur rien.

Souffrir de ne pas avoir été une enfant désirée, n'être d'accord sur rien avec son conjoint, cela justifie-t-il d'aller consulter un psy ? En pratique, de nombreuses demandes de consultations sont fondées sur des problèmes qui peuvent sembler anodins et qui, en tout cas, ne sont pas du registre de la folie. Les gens qui ont « juste des problèmes » ont l'embarras du choix entre ne rien faire, consulter des coachs, des conseillers conjugaux, des médiateurs, des psys… Le succès du coaching ou de la médiation tient beaucoup au désir de ceux qui y recourent de ne pas être considérés comme des malades ou des fous.

ÇA NE SERT À RIEN, ÇA NE MARCHE PAS

Je me souviens de ce patient alcoolique qui présentait des troubles somatiques sévères :

« Je veux bien me soigner, mais je veux être sûr que ça servira à quelque chose. Pouvez-vous me le garantir ? »

C'est bien sûr impossible, mais je trouve la question légitime. Arrêter de boire, faire le travail sur soi nécessaire au maintien durable de l'abstinence, faire accepter par son entourage qu'on a changé, vivre sans la protection de l'alcool qui désangoisse et permet d'affronter sans trop de crainte les relations aux autres, tout ceci n'est pas simple. Les efforts auxquels il faut consentir pour y parvenir sont colossaux. Alors, si le résultat n'est pas garanti, est-ce que cela vaut la peine d'essayer ?

Aucun psy digne de ce nom ne peut assurer qu'une thérapie sera couronnée de succès. Il faut se méfier de ceux qui affichent 100 % de bons résultats. Ce sont des menteurs ou des charlatans.

« Je ne le peux pas. C'est à vous de voir si vous voulez tenter l'expérience. On peut peut-être prévoir un nombre limité de séances, cinq par exemple. Et ensuite, on fera le point et vous déciderez si vous voulez poursuivre ou pas. »

Face à un sujet anxieux et hésitant, il peut être intéressant de proposer une approche rassurante en matière de durée et d'implication. Si je m'y prends bien, je pourrai nouer une relation suffisamment bonne pour que le patient dépasse sa peur du changement et s'engage dans un processus de soin. C'est pourquoi le contrat que je propose fait explicitement appel au libre choix du patient de voir comment ça se passe, de poursuivre ou d'arrêter. L'idée que les cinq premières séances sont en quelque sorte des séances d'évaluation me permet de faire mon travail sans qu'il soit trop inquiet. Beaucoup de questions seront abordées lors de ces séances sous couvert d'investigation. Les choses sérieuses sont censées démarrer le cas échéant à l'issue de ce travail préparatoire. Il est nécessaire de faire tomber autant que possible l'anxiété et la méfiance pour espérer nouer l'indispensable « alliance thérapeutique » dont j'ai parlé au chapitre précédent.

Une autre question est parfois posée par les patients lors de la première rencontre :

« Combien avez-vous de bons résultats ? Ça vous arrive de guérir les gens ? »

Dans ce cas, les considérations subtiles sur l'inanité de la notion de guérison dans le domaine psy ne sont pas de mise. Ce n'est pas ainsi que je poserais la question, mais je comprends le point de vue du patient et je m'efforce de répondre le plus honnêtement possible.

« Je n'ai pas de statistiques à vous présenter, mais il me semble que j'arrive de temps en temps à aider les personnes dont je m'occupe. Guérir, je ne sais pas, mais elles se sentent mieux. En tous cas, je peux vous assurer que je ferai de mon mieux. Et je compte sur vous pour m'aider. »

Il existe d'innombrables études qui portent sur cette question de l'efficacité de la psychothérapie. La motivation du patient et son désir de changement sont un des éléments à prendre en compte dans l'analyse des critères qui servent à prédire le résultat du traitement. La psychothérapie, quel que soit le modèle utilisé, est toujours une coproduction entre le patient et le psy. Demander si « ça marche » pose la question de la technique, éventuellement de la compétence du psy, la part du patient n'est pas prise en compte ; or elle est essentielle.

La conviction partagée en l'efficacité du traitement est un puissant moteur, la méfiance et la crainte du changement un frein. En ce sens, il y a une sorte d'effet placebo consubstantiel à la psychothérapie. Certains patients sont très engagés dans le travail psy, d'autres manquent des séances, oublient d'accomplir les tâches qui leur sont confiées, arrivent en retard aux rendez-vous. Le travail psy consiste alors à traiter ces aspects comme des messages que le patient adresse à son psy, en matière de défiance, de réticence, d'absence de motivation. Le but est d'obtenir un engagement qui permette d'espérer un résultat convenable.

« Ça ne marche pas, ça ne sert à rien… » Cette double affirmation déplace sur le psy et la psychothérapie le poids du choix qui normalement incombe à la personne qui va mal de se soigner ou de ne rien faire. Ce n'est pas la même chose que le sentiment d'incurabilité d'une personne dépressive, qui ne met pas en cause les capacités du psy mais est en rapport avec la profondeur du vécu dépressif. Les sujets qui sont absolument convaincus de l'inutilité de se soigner n'iront pas consulter, d'autres, sous la pression de leur entourage, iront pour vérifier que « ça ne sert à rien » et se protéger des reproches qui pourraient leur être faits.

« Bonjour docteur. C'est mon mari qui a insisté pour que je vienne. Je sais que ça ne sert à rien, ma belle-sœur a vu pendant dix ans un psy, elle s'est suicidée, alors vous savez, moi, les psys…

– Que voulez-vous que nous fassions ? Si votre but c'est que votre mari vous laisse tranquille parce qu'il aura l'impression que vous vous soignez, on peut faire semblant sans problème. Vous venez me voir tous les quinze jours, on parle de la pluie et du beau temps, votre état ne s'améliore pas mais ça sera de ma faute. Je peux faire ça pour vous si ça peut vous être agréable.

– Pas question de vous payer à rien faire ! Si je viens, vous devrez au moins faire votre travail.

– Si vous le demandez… Et puis, comme on dit, ce sera pour vous gagnant-gagnant. Si j'arrive à vous aider à aller mieux, c'est toujours ça de pris, et si je n'y arrive pas, vous aurez eu raison de ne pas y croire. »

Le scepticisme envers les psys ne se combat pas à coup d'arguments d'autorité et de démonstrations statistiques. Face à un patient dubitatif, il n'est cependant pas interdit, comme au judo, d'utiliser la force de la réticence pour essayer de modifier la donne.

Je ne suis jamais parvenue à faire changer d'avis quelqu'un qui ne veut pas aller voir un psy. En y réfléchissant, je n'ai sans doute jamais essayé.

Il n'y a pas une voie unique pour traiter les problèmes psychologiques. Nous trouvons le plus souvent ailleurs que chez le psy les ressources nécessaires pour gérer les crises qui jalonnent inévitablement notre existence. Un livre, un morceau de musique, une odeur peuvent nous apporter l'apaisement et nous donner le courage d'affronter les difficultés. Il existe aussi des pratiques à vocation thérapeutique parfois surprenantes. Elles ont leurs adeptes qui vous assurent la main sur le cœur que ça les a sauvés. J'ai un ami que des massages de la plante des pieds ont sorti de la dépression. Une autre a arrêté de fumer après un rendez-vous chez une magnétiseuse. Pourquoi chercher à tous prix à leur démontrer que ce n'est pas possible ? Pour défendre l'idée qu'il n'y a qu'une façon, la mienne, de traiter les troubles psys ? J'y ai renoncé depuis bien longtemps. Il me suffit de croire que j'ai trouvé une façon de pratiquer qui me convient et qui a montré son efficacité. Je ne cherche pas à faire des adeptes.

6
ÉLOGE DE L'ÉCLECTISME EN PSYCHOTHÉRAPIE

Il existe, en psychothérapie, un courant nommé « éclectisme ». Il s'agit d'adapter la technique aux besoins des patients, sans trop se soucier de cohérence théorique.

« L'éclectique est un philosophe qui foulant aux pieds le préjugé, la tradition, l'ancienneté, le consentement universel, l'autorité, en un mot tout ce qui subjugue la foule des esprits, ose penser de lui-même, remonter aux principes généraux les plus clairs, les examiner, les discuter, n'admettre rien que sur le témoignage de son expérience et de sa raison ; et de toutes les philosophies qu'il a analysées sans égard et sans partialité, s'en faire une particulière et domestique qui lui appartienne[1]. » La démarche décrite par Diderot me convient. Je ne pense pas être douée de l'ensemble des capacités que Diderot prête aux éclectiques. Je ne suis pas philosophe, l'absence de préjugés et l'impartialité me font sans doute défaut, mais l'idée d'une philosophie domestique qui m'appartienne me plaît.

Ce courant éclectique part d'un constat : l'amélioration observée chez les sujets en psychothérapie est due, pour une part importante, à des facteurs qui ne sont pas spécifiques à un modèle particulier. Ces facteurs communs aux différentes psychothérapies sont, entre autres, la qualité de la relation et de l'alliance thérapeutiques, la motivation du patient et son désir de changement. Le rêve du courant éclectique est de parvenir à créer une théorie intégrant les facteurs communs aux différentes théories de base tout en respectant leurs spécificités. Inutile de préciser que cela se heurte au scepticisme voire même à l'opposition franche de ceux qui se réclament des divers courants concernés.

Et puis, la difficulté surgit quand les praticiens se réclamant de ce courant veulent l'organiser et formaliser leur doctrine pour transmettre leurs idées et enseigner. Ils n'échappent alors pas au paradoxe de vouloir fonder une théorie qui ne se soucie pas de théorie.

Mon éclectisme n'est pas de cette nature. Je n'ai nulle ambition de fonder un courant, une école, une doctrine. L'idée d'une théorie qui surplomberait toutes les autres et résoudrait les contradictions inhérentes à des conceptions divergentes de l'organisation du psychisme humain me semble aussi irréaliste qu'inutile, et même dangereuse. Irréaliste, parce que chaque théorie est close sur elle-même et génère ses propres critères de formation des professionnels et d'évaluation de ses résultats. Aucun psychanalyste ou thérapeute familial systémique ne voudrait renoncer à sa cohérence doctrinale au profit d'une théorie en surplomb gommant des spécificités qu'il chérit et peaufine à l'envi depuis des années. Appartenir à un groupe bien identifié et différencié, voire opposé aux autres, en renforce la cohésion, il n'y a donc pas de grand bénéfice à changer. Inutile parce que, à bien y réfléchir, en quoi est-ce un problème qu'il y ait plusieurs approches, plusieurs façons de faire de la psychothérapie ? Certains tenants du courant éclectique semblent croire qu'il existerait une façon de faire meilleure que les autres pour un patient donné et qu'on peut la déterminer, de façon scientifique, grâce à des études et des évaluations menées dans les règles de l'art. Je ne le pense pas. Et l'échec des tentatives de comparer les résultats des psychothérapies et de mettre tout le monde d'accord semble bien me donner raison. Dangereuse enfin, parce que l'idée d'une seule façon de pratiquer, qui ferait consensus dans le domaine du travail psy, implique un rapport à la norme qui fait froid dans le dos. Un modèle unique aboutirait nécessairement à des procédures standardisées, des résultats homogénéisés, des critères réducteurs.

La notion de respect des spécificités de chaque modèle mise en avant par les défenseurs d'un éclectisme intégrateur, si elle devait être scrupuleusement respectée, contredirait le projet lui-même.

Il existe forcément une théorie sous-jacente à toute pratique. Elle n'est pas toujours explicite et il n'est pas utile de la connaître pour être un bon praticien. Je peux conduire convenablement ma voiture sans avoir la moindre idée de la façon dont fonctionne un moteur à essence ou un embrayage.

Je peux intervenir comme psy d'une façon que je crois spontanée, sans conceptualiser ni même comprendre ce que je fais.

Mais pour transmettre quelque chose de mon expérience aux autres, cela ne suffit pas. Je dois en faire émerger le sens, l'intérêt, les limites. L'exercice de la psychothérapie ne se réduit pas à un ensemble de recettes que le lecteur ou l'élève apprendrait comme on apprend la cuisine. Certes il y a des trucs, on peut être plus ou moins habile. Mais il s'agit de relation humaine, d'aide à des personnes vulnérables, de travail autour de ce qui fonde la spécificité de l'espèce humaine (la conscience, le langage, la pensée) et bien que j'aie le plus grand respect pour l'art culinaire, l'implication n'est pas tout à fait la même.

PASSER DE « JE CROIS CE QUE JE VOIS » À « JE VOIS CE QUE JE CROIS »

Ma façon de penser a été profondément influencée, ce qui se conçoit, par la formation que j'ai suivie au début des années 1980. J'ai découvert avec l'approche systémique une façon différente de voir la réalité, de percevoir les relations, de concevoir la thérapie.

Passer de « je crois ce que je vois » à « je vois ce que je crois » est une révolution. Il suffit de demander à trois personnes différentes de décrire de la manière le plus objective possible ce qu'elles ont vu lors de la retransmission en vidéo d'une thérapie de couple pour saisir combien le filtre de la subjectivité de chacun colore sa perception. L'un verra un mari passif et une épouse agressive, quand l'autre trouvera le mari paisible et agréable et la femme anxieuse, tandis que le troisième mettra l'accent sur la connivence du couple face au thérapeute. Il suffira ensuite de questionner chacun des trois observateurs sur leur situation personnelle et leur conception de ce que pourrait être un couple *normal*, pour saisir les liens qui existent entre leur description et leur vécu personnel.

La découverte du caractère subjectif de ce que l'on perçoit amène, au début du moins, une sensation proche du vertige. Je l'ai personnellement expérimenté et j'ai vu ce phénomène se reproduire régulièrement chez les étudiants quand j'étais formatrice. On se met à douter de tout, c'est très déstabilisant. Ensuite, cela donne une capacité à admettre qu'il existe de multiples façons de voir le monde. Pour exercer le métier de psy, c'est très utile car cela permet d'essayer de comprendre la façon de penser des patients et d'en faire le point de départ de l'intervention plutôt que de partir de ce que nous croyons. Cette fluidité, cette capacité à passer d'un point de vue à un autre est à mettre en lien avec une conception de la réalité qui ne peut être perçue que subjectivement.

Certaines conceptions du monde posent plus de problèmes qu'elles n'en résolvent, et le psy peut en utiliser certaines plus que d'autres, pour aider le patient à adopter un système de croyances moins problématique. Le constructivisme par exemple considère que la réalité est une construction de l'esprit qui reste toujours relative à celui qui la perçoit. En ce sens, il s'oppose au réalisme. Quant au relativisme, il défend l'idée que le sens et la valeur des croyances et des comportements humains n'ont pas de références absolues.

Pour exercer comme psy, un certain relativisme appuyé sur un constructivisme de bon aloi donne une ouverture d'esprit, une disponibilité à l'autre qui me semblent bien préférables à une adhésion forte à une vérité fondée sur une réalité que l'on croit appréhender.

Je n'étendrai pas mon goût pour le constructivisme au-delà du champ de la psychothérapie. En effet, sortie de ce contexte, cette pensée pose des problèmes évidents : si le réel n'existe pas, pourquoi ne pas considérer que la Terre est plate ou que la Shoah n'a jamais eu lieu ? Tous les points de vue sur le monde se valent-ils ? Comment savoir si ce que l'on pense est vrai ?

Toujours est-il que l'approche systémique a changé mon regard sur les relations humaines. Nous sommes tous en interaction les uns avec les autres et c'est cela qui éclaire la façon dont nous nous comportons. Personne n'est acteur de la relation sans être aussi conditionné par elle. Pour comprendre ce qui se passe dans un groupe humain, il faut observer l'ensemble. Madame se plaint que son mari ne fait rien à la maison et qu'il ne s'occupe pas des enfants. Vue seule, je ne peux que la plaindre. Mais si je la rencontre avec son mari, ce dernier va expliquer que quoi qu'il fasse, son épouse n'est jamais satisfaite, et que du coup il a cessé de faire quoi que ce soit. La passivité du mari peut être vue comme un défaut intrinsèque à sa personne, ou comme une stratégie adaptative face à une épouse peu confiante. Élargir le champ de vision permet ainsi de voir les problèmes différemment.

À partir de là, il n'y a plus ni victime ni bourreau, ni malade et bien-portant dans une famille donnée, ni bon ou mauvais patient. La relation est comme une chorégraphie plus ou moins harmonieuse, où chaque danseur ajuste ses pas à ceux des autres. Là encore, ce regard vaut dans le contexte de la thérapie. Dans la vie sociale, dans l'histoire de l'humanité, devant un tribunal, il y a des bourreaux et des victimes, des innocents et des coupables, je n'en doute absolument pas.

Voir d'un œil systémique la relation psy/patient m'a apporté une grande liberté et une certaine humilité dans l'exercice de mon métier : liberté d'utiliser ce que je ressens plutôt que de le réprimer, humilité de percevoir que notre relation n'est pas exceptionnelle et que je suis certes à ma place mais à l'égal du patient. Le patient fait avec moi ce qu'il fait avec les autres : se méfier, avoir peur, dissimuler certains éléments importants, prendre son point de vue personnel pour la vérité…

Je suis moi-même conditionnée dans mes interventions par ma capacité à vibrer à certaines émotions : la colère, le découragement, l'impatience. Cela ne pose guère de problème.

Bien que formée à la thérapie familiale, puis formatrice dans cette même discipline, j'ai la plupart du temps travaillé avec des patients seuls. J'exerçais dans le cadre du service public, à l'hôpital, puis dans un centre dédié aux addictions. Quand une personne vient consulter dans un tel centre, c'est qu'elle considère qu'elle souffre d'un problème d'addiction. Elle ne voit en général pas son problème en termes de dysfonctionnement familial, sinon elle se rendrait avec sa famille dans un centre qui traite ce type de question. J'ai utilisé des techniques systémiques dans la relation avec le patient et je me suis toujours efforcée d'élargir mon champ de vision et d'intervention à son contexte de vie. Quand un alcoolique commence à changer sa façon de boire, l'ensemble du système familial rétroagit, et pas toujours dans le sens auquel on pourrait s'attendre. Bien souvent, les autres membres de la famille, sans même s'en rendre compte, agissent de telle sorte que le patient recommence à consommer. D'un point de vue systémique, cela n'est pas une surprise, la place du « patient désigné » est occupée par le buveur et il n'est pas question de lui en concéder une autre. Avoir cela en tête amène à travailler différemment. Avant tout projet de changement, il faut décrypter avec le patient le réseau relationnel dans lequel il est pris et l'aider à se protéger de rétroactions trop dangereuses. J'ai très souvent proposé au patient de le rencontrer avec son conjoint ou sa famille. Je n'y suis pas toujours parvenue, mais l'entourage, présent physiquement ou pas, a toujours été inclus pour moi dans la thérapie et j'ai tout fait pour m'allier à lui, afin d'aider le patient à évoluer.

Un regard bienveillant est une nécessité pour le travail psy. La vision systémique justement exclut tout jugement sur le comportement du patient et de son entourage, chacun fait comme il peut. Au début, c'est une attitude volontariste, il faut s'obliger à voir les bons côtés de tout le monde, ce n'est pas toujours évident. Au bout de quelque temps, convaincue que la thérapie fonctionne mieux si je ne rejette pas les gens qui s'adressent à moi, j'ai fini par *vraiment* voir en chacun ce qu'il y a de meilleur.

Je n'ai pas étendu hors du champ professionnel cette bienveillance de principe, mon entourage personnel n'a pas le droit aux mêmes égards, hélas pour lui…

Si j'ai été séduite par les concepts systémiques et suis consciente de ce qu'ils m'ont apporté, je suis beaucoup plus réservée sur l'intérêt de disposer d'un système de pensée cohérent qui réponde à l'ensemble des problèmes de la vie et du monde. J'ai pris soin de limiter à la thérapie certaines notions qui me sont chères.

J'ai connu jadis un collègue plus systémicien que moi et qui pensait de la même façon en thérapie et dans sa propre famille. S'il n'aidait pas aux tâches ménagères et que son épouse s'en plaignait, il « la protégeait de la dépression ». Son fils était en échec scolaire, « c'était le thérapeute de la famille ». Certes, mais cette façon de voir le mettait à distance et ne disait rien de sa part de responsabilité dans les difficultés de ses proches. Pour parler simplement, ça l'arrangeait bien de considérer les choses ainsi.

On reproche souvent aux psys d'être incapables d'appliquer à eux-mêmes ce qu'ils préconisent pour les autres. Je dirais que c'est tant mieux. Je ne suis donc pas une systémicienne pure et dure. Je ne cherche pas une doctrine qui réponde à tous les problèmes qui peuvent se poser en thérapie. J'assume un certain degré d'improvisation, une pensée qui peut être approximative, je continue à être surprise et à apprendre.

D'OÙ VIENNENT LES BONNES IDÉES ?

Il y a quelques années, j'interviens lors d'un colloque où j'expose mes idées sur le traitement des personnes souffrant d'addiction. Ce colloque s'adresse à des praticiens, ils sont nombreux dans la salle.

J'avais été étonnée, au début des années 1990, de constater que, pour accéder aux soins, les toxicomanes devaient faire preuve de qualités dont ils ne disposaient que rarement :

motivation, ponctualité, abstinence. J'avais trouvé une formule qui me semblait bien décrire cet état de fait : on demande aux gens d'être guéris pour pouvoir les soigner.

J'expose donc mes idées et je reprends cette formule pour expliquer que c'est aux professionnels de créer les conditions d'un soin possible, qu'il faut parfois modifier son cadre d'intervention pour être en mesure de soigner ceux qui en ont besoin. Après mon exposé vient le temps des questions. C'est alors qu'un homme se lève, très en colère, et dit :

« Madame Wieviorka, vous êtes une voleuse !

– Pourquoi dites-vous ça ?

– Vous me volez mes idées et vous n'avez même pas la correction de citer mon nom !

– De quelles idées parlez-vous ?

– Demander aux gens d'être guéris pour pouvoir les soigner, c'est moi qui l'ai inventé, c'est dans le livre que j'ai publié et vous me volez. Vous devriez voir honte ! »

Je suis vraiment surprise, je ne connais pas cet homme et n'ai aucun souvenir d'avoir lu l'ouvrage dont il parle. Je tente de le convaincre de ma bonne foi, sans succès.

Cette fois-là, ce fut spectaculaire. Mais j'ai souvent observé que des idées que je croyais originales étaient partagées par d'autres qui les avaient trouvées avant moi.

En m'attelant à la rédaction de ce livre que vous tenez entre les mains, j'ai pu, à de nombreuses reprises, vérifier que je n'étais pas seule à penser ce que je pense et ce constat est finalement plutôt rassurant. C'est ainsi que j'ai par exemple découvert, en écrivant ce chapitre, qu'un courant « éclectique » existait en psychothérapie. Je partage donc avec d'autres l'idée qu'il peut être intéressant d'examiner les principaux modèles de psychothérapie pour en prendre le plus intéressant et ne pas se soucier d'orthodoxie.

Une « bonne idée », pour moi, est celle qui permet de faire émerger des solutions à des problèmes non résolus par la façon précédente de penser et de faire. Si je reprends l'exemple des toxicomanes à qui l'on demandait d'être abstinents pour pouvoir les soigner, le problème était qu'on ne soignait personne compte tenu des critères d'inclusion dans le soin. Encore faut-il considérer que c'est un problème. Un certain nombre de collègues s'accommodaient de cet état de fait, en le mettant au compte de la personnalité du toxicomane, supposé rétif à toute contrainte et d'une certaine façon incurable. Les cures de sevrage étaient suivies de presque 100 % de rechutes ? Cela n'était pas gênant, le sujet toxicomane faisait l'expérience de la frustration et ça lui serait peut-être utile plus tard. Nous passions les trois quarts de notre temps à des procédures d'admission complexes qui se soldaient par des exclusions moins de quarante-huit heures après ? Pas de souci, l'essentiel était d'afficher un nombre impressionnant de patients rencontrés, même si on ne faisait rien pour eux.

Quand j'ai pris mes fonctions dans le centre de soins pour toxicomanes que j'ai dirigé pendant plus de vingt ans, je ne connaissais pas grand-chose à cette problématique. J'ai ainsi porté un regard neuf sur la façon de pratiquer et j'ai été choquée de situations que les collègues, qui exerçaient dans ce domaine depuis longtemps, trouvaient normales. C'est ce qui m'a permis de voir que le problème était sans doute plus du côté de l'organisation des soins que d'une supposée spécificité du sujet toxicomane. L'épidémie de sida qui commençait à la même époque à faire des ravages parmi les injecteurs d'héroïne a définitivement réglé la question. Il est apparu que l'immense majorité des consommateurs de drogues qui avaient besoin de soins n'avaient aucun lien avec les centres spécialisés censés leur être pourtant destinés, car les conditions d'admission rendaient tout contact impossible. L'offre de soins a été par la suite complètement rebâtie.

Une bonne idée découle souvent d'un renversement de perspective. Plutôt que d'essayer d'adapter les patients au système de soins, pourquoi ne pas tenter d'adapter le système aux patients ? Ce qui est impensable devient évident, on se demande même pourquoi on n'y a pas pensé plus tôt.

La psychothérapie n'étant pas une science, il existe nécessairement un certain degré d'empirisme dans la façon de procéder. J'ai eu parfois des idées qui se sont avérées bonnes ; j'ai pu, par la suite, pour des colloques ou dans le cadre d'activités de formation, essayer d'en faire ressortir le soubassement théorique, quoiqu'il soit bien difficile de déterminer comment théorie et pratique s'agencent.

Ainsi, pour la prise en charge de personnes dépendantes de l'alcool, j'ai imaginé de proposer au patient, dans un premier temps, d'essayer de s'abstenir de boire une journée entre deux consultations, pas plus. Je me suis vite rendu compte qu'à partir d'une prescription stéréotypée – toujours la même – apparemment anodine, j'obtenais énormément d'éléments utiles pour la thérapie. J'ai retrouvé par la suite ce type de proposition dans divers ouvrages spécialisés consacrés à la prise en charge des alcooliques, avec des attendus théoriques divers.

Cela se passe en général comme suit.

Après avoir échangé avec le patient sur ses difficultés avec l'alcool et ses attentes, le premier entretien se termine. C'est alors que j'interviens :

« Pour la prochaine fois, accepteriez-vous de faire un exercice ?

– Bien sûr docteur, pas de problème.

– Je voudrais qu'on détermine ensemble un jour où vous allez essayer de ne pas boire. Choisissez celui qui est le plus pratique pour vous. »

S'ouvre alors une discussion sur le meilleur jour pour s'abstenir. Pour les uns, c'est celui où ils sont très occupés et rentrent tard chez eux, d'autres préféreront le dimanche, plus tranquille. Je recueille déjà des informations précieuses sur les contextes favorisant la consommation d'alcool : le stress professionnel, la solitude, la présence des enfants…

Nous convenons d'un jour précis : mardi 12, jeudi 18…

Certains patients pensent qu'ils peuvent faire plus, que l'effort demandé n'est pas suffisant.

« Docteur, je peux m'abstenir deux jours, ou même trois. À ce rythme, je ne suis pas près de devenir abstinent.

– Écoutez, un jour ce sera déjà très bien. Le reste du temps, ne changez rien à vos habitudes. »

Les patients qui viennent consulter pour des problèmes d'alcool ont déjà en général essayé maintes fois de s'abstenir sans succès. Ils sont souvent d'un optimisme excessif pour ce qui concerne leur capacité à arrêter de boire, amplifié bien souvent par les effets euphorisants de l'alcool. C'est à moi de freiner un enthousiasme générateur de déception et de rechute. Un autre aspect auquel je suis sensible est la capacité d'accepter ou non de suivre une consigne. Proposer de faire plus est une façon, certes sympathique, de garder la maîtrise de la relation.

« Bon, d'accord, on va dire le mardi 12. Et vous ne me prescrivez pas de traitement ?

– Pas pour le moment. J'ai besoin de bien comprendre quand et comment vous buvez pour adapter au mieux la prise en charge. Je comprends que vous soyez pressé, mais il me faut un peu de temps. Donc, on dit le 12. Et ça me serait utile que vous notiez comment ça se passe. Si vous y arrivez, dites-moi ce que vous avez ressenti, à quel moment vous avez été tenté, si vous avez réussi à dormir. Tout m'intéresse. Et si vous n'y parvenez pas, ça m'intéresse aussi. À quelle heure vous avez craqué, dans quel contexte, ce que vous avez pensé.

– C'est entendu. Merci et à bientôt. »

Je ne sais pas comment l'idée m'est venue de demander une journée d'abstinence au patient, mais cette pratique a fini par devenir une habitude et je ne l'ai jamais regretté.

Souvent, la théorie vient *a posteriori* donner sens à des intuitions qui ont pu s'avérer fécondes. Il s'agit de proposer une grille de lecture de ce que nous faisons, qui n'est ni plus vraie ni plus fausse qu'une autre et qui vise à rendre notre action intelligible donc légitime. Elle permet aussi une transmission dans le cadre d'enseignement, de formation, de rédaction d'ouvrages ou d'articles, étayée par une rationalité qui rassure.

Je peux ainsi tenter d'expliquer comment je conçois la prescription d'une journée d'abstinence.

Toujours la même prescription, ne serait-ce pas le signe d'une fatigue, d'un manque de créativité après des dizaines d'années d'exercice ? Pas nécessairement. Je rejoins sur ce point Mara Selvini et son équipe, pour qui le caractère invariant d'une prescription permet de mieux mettre en lumière les différences qui existent entre les diverses familles en thérapie[2]. Ce sont les différences qui fournissent des informations.

Travailler avec le non-changement est une technique fréquemment utilisée en thérapie familiale systémique. La crainte du changement est un puissant frein et il faut la neutraliser pour pouvoir avancer.

Dire au patient que, dans un premier temps, il convient de ne rien changer sauf un jour par mois envoie un message rassurant. Je ne mets pas la barre trop haut, je ne demande pas d'arrêter de boire immédiatement, ça doit être possible. Il vaut mieux que ce soit le patient qui prenne en mains la nécessité de changer et qui propose d'en faire plus, plutôt que cela lui soit imposé par le psy.

Quoi que le patient fasse, ce sera utile pour la thérapie. Il s'agit de le protéger de la culpabilité, de lui faire sentir que je suis à ses côtés sans jugement d'aucune sorte et que je suis consciente qu'arrêter de boire est difficile. L'alliance thérapeutique ne repose pas sur le succès immédiat mais sur un partenariat plus ou moins long.

Certains patients, quand ils parlent de leur consommation d'alcool, évoquent une impulsion irrésistible. Leur permettre, à petit pas, de contrôler leur addiction est un déplacement de leur rapport à l'alcool qui peut les aider à reprendre confiance en eux.

Il n'y a pas une seule façon d'être créatif. Parfois on se heurte de manière répétitive à un problème et il s'agit alors de sortir du cadre dans lequel on réfléchissait en vain pour voir émerger des solutions nouvelles. D'autres fois, l'idée surgit d'une façon surprenante, sans que nous soyons conscients du processus qui l'a fait naître. D'autres fois encore, la lecture d'un article, d'un livre, le propos d'un patient ou d'un collègue nous pousse à innover.

Appliquer mécaniquement une technique n'est certes pas un gage de créativité. Cependant, j'ai suffisamment exercé comme formatrice à la psychothérapie pour être convaincue que les étudiants (tout comme les patients au demeurant) vont s'approprier les propos et suggestions de leurs formateurs avec une inventivité certaine. Il n'y a pas de propriété privée des idées, chacun est libre de les faire siennes, de les utiliser ou de les transformer autant qu'il le souhaite.

CHANGER LES RÈGLES DANS L'INTÉRÊT DU PATIENT

La pratique amène souvent les psys à devoir transgresser les règles de la profession telles qu'elles sont définies en théorie. Certaines transgressions peuvent avoir des conséquences désastreuses, surtout si elles sont en rapport avec des préoccupations personnelles du psy (désir sexuel, cupidité, besoin excessif de reconnaissance…)[3]. Parfois, c'est la situation clinique qui l'impose. Dans *Le jardin d'Épicure*[4], Irvin Yalom décrit son expérience de thérapeute face à des patients proches de la mort. Il assume clairement des écarts à la distance et à la neutralité théoriquement de mise, au nom de l'efficacité : « La sincérité, si cruciale pour une thérapie efficace, prend une nouvelle dimension quand un thérapeute aborde franchement les questions existentielles. Nous devons abandonner ces résidus d'un modèle médical suivant lequel les patients souffrent d'une étrange affliction et ont besoin d'un guérisseur impassible, irréprochable et insensible[5]. » Cette faculté de sortir du cadre, de réfléchir par soi-même, de modifier les règles qui régissent les relations thérapeutiques dans l'intérêt du patient font d'Irvin Yalom un thérapeute hors du commun. L'orthodoxie n'est pas son affaire, il modifie sa pratique en fonction des nécessités et continue à apprendre de ses patients comme de la vie.

Aucune façon de faire ne peut être adéquate à toutes les situations. L'application de principes découlant d'une conception rigide du travail psy amène à des pratiques parfois absurdes. J'ai travaillé dans des services où la psychanalyse était érigée en idéologie. Si le respect des règles inhérentes à la cure psychanalytique se conçoit s'agissant de patients en analyse, dans le contexte d'un service public de psychiatrie, on frise le ridicule. On débattait ainsi au dispensaire d'hygiène mentale, où les soins sont gratuits car entièrement financés par l'État, de faire *symboliquement* payer les consultations cinquante centimes ou un euro. On s'effrayait que des personnes mariées, vivant sous le même toit, puissent se croiser dans la salle d'attente. On fixait pour une année entière les jours et heures des consultations (tous les mardis à 14 heures, tous les jeudis à 10 heures), et quand bien même le patient cessait de venir au mois de novembre, *sa place* lui était réservée jusqu'au mois de juin…

Heureusement, cette façon de faire, qui défie le sens commun et privilégie le respect de principes hors-sol, n'est pas fréquente, et la plupart des psys, avec le recul que donne l'expérience, finissent par assouplir les règles censées régir leur pratique. Cela n'implique pas qu'on puisse faire tout et n'importe quoi, mais que, si une règle pose plus de problèmes qu'elle n'en résout, rien n'empêche d'en reconsidérer l'usage et d'y renoncer le cas échéant.

Une approche fondée sur l'éclectisme permet de sacrifier la cohérence théorique à l'efficacité. Cela s'applique à la technique, mais aussi aux concepts. L'inconscient freudien est bien utile pour interpréter les actes manqués, les lapsus, les rêves. Considérer certains problèmes psychologiques comme étant des comportements inadaptés permet d'aider le patient à repérer les situations dangereuses et à modifier des réactions inadéquates. Comprendre qu'un patient, même vu seul, est pris dans un ensemble de relations et que toute évolution de sa part amènera des rétroactions de l'entourage oblige à gérer les incitations au changement avec prudence.

Depuis plusieurs années, les controverses qui opposaient les tenants des différents courants psys se sont atténuées. Entre professionnels, psychanalystes, comportementalistes ou systémiciens, la coexistence est devenue pacifique et un certain éclectisme est de mise, atténuant les divergences. Les polémiques viennent de l'extérieur. Ce fut le cas, en 2004, lorsque les pouvoirs publics ont semblé privilégier une approche au détriment d'une autre, avec la polémique née du rapport de l'Inserm sur l'évaluation, ou, en 2012, quand la Haute Autorité de santé a publié ses recommandations de bonnes pratiques professionnelles pour le traitement de l'autisme chez les enfants et les adolescents. La psychanalyse et les pratiques qui s'en réclament ont été dans ces deux cas sous le feu des critiques.

Un autre combustible qui fait flamber les contradictions vient de certains auteurs qui confondent l'insulte et la caricature avec la critique. Le livre que Michel Onfray a consacré à la psychanalyse, sous le titre évocateur *Le crépuscule d'une idole, l'affabulation freudienne*[6], appartient à cette catégorie et a généré nombre d'articles et d'ouvrages en général moins outranciers mais tout aussi polémiques[7].

L'éclectisme se nourrit du constat que, par-delà les différences théoriques et techniques, les succès des psychothérapies, tous modèles confondus, sont dus à des facteurs qui leur sont communs, décrits pour la première fois en 1936 par le psychologue américain Saul Rosenzweig : un thérapeute expérimenté, la libération d'émotions, une théorie de référence cohérente et la reformulation d'événements psychologiques en fonction de la théorie. Cette thèse est connue sous le nom de « verdict du Dodo », en référence à *Alice au pays des merveilles* : l'oiseau Dodo arbitre une course et décrète que « tous ont gagné et doivent recevoir un prix ».

J'ai pu constater combien l'expérience était utile pour le travail psy. Expérience professionnelle, mais aussi expérience de la vie. Mon rapport aux patients s'est assoupli et libéré avec l'âge. Débarrassée des préoccupations de réussite et de carrière, j'ai pu mieux me concentrer sur le contenu de mon travail. Mais on ne peut pas demander à tous les psys d'être âgés et expérimentés. Il faut se former, pratiquer. J'ai formé beaucoup de jeunes psys au travail avec les familles, il m'a fallu trouver les moyens de les aider à développer un style compatible avec leur âge et leur statut professionnel. Un père de famille de cinquante ans peut accepter d'une psy aux cheveux blancs, médecin et directrice de son institution, ce qu'il ne supportera pas venant d'une jeune psychologue tout juste embauchée. La place dans la société, le genre, l'âge et l'expérience du psy sont des variables avec lesquelles il faut composer. On disait que la réputation de Françoise Dolto était telle que les bébés et leur mère allaient mieux du simple fait d'être assis en face d'elle. Ne disposant pas d'une telle aura, la plupart des psys doivent trouver un style d'intervention compatible avec leur personnalité, plutôt que de s'employer à singer leurs maîtres, en général sans grand succès.

Je partage avec Saul Rosenzweig l'idée qu'une thérapie fonctionne d'autant mieux qu'elle est riche en émotions.

Judith X m'est adressée par un collègue qui quitte le service :

« Tu verras, c'est une patiente très fragile. Elle a fait plusieurs tentatives de suicide sévères, je suis très inquiet pour elle, je te la confie. »

Effectivement, la lecture du dossier vient confirmer les inquiétudes de mon collègue. Elle a multiplié ces dernières années les tentatives de suicide. Il me semble voir dans ces passages à l'acte une demande adressée à son psy afin qu'il s'occupe plus d'elle. Mais quoi qu'il en soit, la dangerosité d'une tentative de suicide n'étant pas liée à l'authenticité du désir de mourir, cette répétition est préoccupante.

Je reçois donc cette jeune femme, un peu stressée par le tableau qui m'en a été fait.

Nous faisons connaissance, elle me décrit sa situation, évoque sa difficulté de changer de psy. Mon prédécesseur était très à l'écoute et lui a littéralement sauvé la vie, à plusieurs reprises en se rendant chez elle alors qu'elle avait ingéré des médicaments pour mourir, ou en la recevant en consultation en urgence quand elle se sentait très mal. Je me dis que je dois mettre les choses au point, car ce n'est pas ma façon de faire et je ne veux pas risquer de lui faire défaut alors qu'elle pense pouvoir compter sur moi pour lui sauver la vie.

« Je n'ai pas la gentillesse ni la disponibilité de mon collègue. Vous ne devez pas me confier votre vie, je risque de ne pas être à la hauteur. Si vous vous sentez mal, faites appel aux services d'urgence, ce sera plus prudent.

– Qu'est-ce que vous croyez ? Que je fais exprès, que je programme à l'avance mes crises d'angoisse et mes tentatives de suicide ? Et si je ne peux pas vous faire confiance, à qui je vais pouvoir m'adresser quand j'irai mal ?

– J'ai mes limites et je préfère que vous en soyez informée. Je ne traite pas les urgences, il y a des services spécialisés pour cela. En revanche, je suis totalement disponible pour vous dans le cadre de mes horaires de travail. Si vous vous sentez mal entre deux rendez-vous, appelez le secrétariat et je trouverai toujours un moment pour vous recevoir. Mais plus, sincèrement, je ne peux pas. »

Ce premier rendez-vous se termine, je ne suis pas très à l'aise car je sens bien que je n'ai pas convaincu Judith du bien-fondé de mon approche. Les émotions qui m'animent sont un sentiment diffus d'inquiétude, un certain malaise, un agacement aussi car je devine que Judith tente de définir la relation à sa convenance.

Le contexte institutionnel ajoute à mon anxiété, dans la mesure où le collègue qui m'a adressé Judith ne souhaitait pas quitter le service et que je suis personnellement responsable de son départ. Me confier une de ses patientes préférées est peut-être un cadeau empoisonné.

Quelques jours plus tard, Judith me téléphone, d'une voix pâteuse :

« J'ai avalé plein de médicaments… Mais j'ai compris que vous ne feriez rien, je l'accepte. Je voulais juste vous dire au revoir et m'excuser du dérangement.

– Je vous envoie le Samu. Et on se reparle dès que vous serez hors de danger. »

J'appelle le 15, je donne l'adresse de Judith et j'attends la suite non sans inquiétude.

Judith revient peu de temps après, un peu pâle, très en colère, mais vivante.

« C'est incroyable, oser m'envoyer le Samu ! Ils m'ont emmenée aux urgences et m'ont fait un lavage d'estomac. Vous ne comprenez donc rien ! Ce n'est pas de ça dont j'avais besoin. Ce qu'il me faut, c'est un psy qui me comprenne, qui m'écoute, qui me soutienne, pas quelqu'un qui se débarrasse de moi en appelant le Samu. »

La colère me gagne aussi, que je ne songe pas à réprimer mais plutôt à utiliser pour essayer de faire évoluer la relation. Je me dis que ce que Judith fait avec moi, elle l'a fait non seulement avec mon prédécesseur, mais sans doute aussi avec ses proches : user de la culpabilité, n'exister aux yeux des autres que par la crainte qu'elle ne se tue.

« Je suis vraiment fâchée. Qu'est-ce que je vous ai fait pour que vous me maltraitiez de la sorte ?

– Comment ça vous maltraiter ? Je n'ai rien contre vous, j'avais juste envie de mourir. Vous qui êtes soi-disant psy, vous devriez comprendre quand même !

– Je vais vous expliquer. Lors de notre dernier entretien, je vous ai clairement dit que je n'irai pas chez vous même si vous êtes en danger de mort. Vous avalez des boîtes entières de médicament et vous m'avertissez. Si je cours chez vous, je perds toute crédibilité ; si je ne fais rien, vous risquez de mourir et moi de m'en sentir responsable pour le reste de mes jours. Vous m'avez mise dans une situation très difficile à supporter.

– Je ne comprends pas que vous le preniez comme ça, je ne voulais pas vous causer des problèmes, je m'excuse si je vous ai dérangée.

– Ce n'est pas la question. Il faut qu'on apprenne à travailler ensemble sans que vous mettiez votre vie en danger. Qu'est-ce qui vous fait penser que je ne peux m'intéresser à vous que de cette façon ? »

À partir de cette séance, nous nous sommes mises au travail.

Judith n'a plus jamais tenté de se suicider. Elle a pu se sentir mal, mais elle a su faire appel à moi de telle façon que j'ai pu lui manifester mon intérêt sans me sentir manipulée, ni qu'elle ait besoin de se mettre en danger.

La colère, l'angoisse, la culpabilité ont pu trouver à s'exprimer de part et d'autre. Ce fut d'une grande utilité pour cette thérapie.

Le troisième « élément commun », toujours selon Saul Rosenzweig, est de disposer d'une théorie de référence cohérente. Je pourrais soutenir que l'éclectisme est une théorie aussi cohérente qu'une autre, mais cela ne serait pas tout à fait honnête. L'idée de cohérence implique une absence de contradiction interne, mais aussi de disposer d'un modèle valide dans toutes les circonstances. Or, comme je l'ai déjà dit, je ne pense pas que la diversité des personnes, des modes relationnels et des situations puisse être enfermée dans une seule façon de penser le psychisme. Les théories sont construites par des êtres humains, qui sont de leur culture et de leur temps. Le rapport au corps, à la sexualité, la place et le rôle de la femme ont profondément changé et la conception que chacun se fait de la normalité n'est pas la même qu'il y a cent ans. Les demandes d'aide ont elles aussi évolué. Ce qui fait souffrir aujourd'hui n'était pas ressenti hier comme un problème.

Disposer d'un modèle cohérent rassure psys et patients. Les psys ont l'impression de savoir où ils vont, les patients que leur psy sait ce qu'il fait. Mais je ne suis pas sûre que cela corresponde à la réalité d'une pratique où surprise et hasard gardent toute leur place. Dans le domaine du psychisme, un modèle n'est qu'une description forcément réductrice. Pour être cohérent, il se doit de gommer les singularités. Il faut bien faire entrer le réel dans le moule des catégories. Ainsi pour les freudiens, il n'y avait à l'origine que trois grands types de structure de personnalité : les névrosés, les psychotiques et les pervers. La structure de la personnalité est stabilisée à la sortie de l'adolescence et il n'y a en théorie pas de voie de passage d'une forme à l'autre. À partir des années 1930, un certain nombre de psychanalystes dans divers pays font le constat qu'il existe des sujets qui présentent à la fois des traits névrotiques et des traits psychotiques. Une quatrième catégorie a ainsi été créée, rendant compte de ces observations : la personnalité « *borderline* ». Aujourd'hui, ce diagnostic est posé avec une fréquence qui peut surprendre, son caractère attrape-tout étant bien pratique pour éviter le recours à des catégories jugées trop réductrices. La théorie la plus cohérente a parfois besoin de catégories molles pour décrire la diversité des fonctionnements psychiques. Si tout le monde, ou presque, est *borderline*, cela ne veut plus dire grand-chose. Ce qui compte, plus qu'un diagnostic toujours discutable quand il s'agit de psychiatrie, c'est ce qu'il convient de faire pour un sujet donné en matière de prise en charge.

À la notion de cohérence théorique, je préfère la capacité de conceptualiser ce que l'on fait. Que l'on dispose d'un corpus théorique cohérent ou d'un ensemble de concepts pas nécessairement parfaitement articulé, la reformulation est bien utile pour que le patient se sente compris, tout en lui proposant une vision différente de ce qu'il vit. Ce point de vue, proche mais différent, doit permettre d'élaborer des solutions rendues impossibles par la façon première dont les difficultés sont exprimées.

« Docteur, je suis une alcoolique. Mon mari dit qu'il n'en peut plus et qu'il veut divorcer.

– Je comprends que vous avez un problème avec l'alcool. Votre mari a tout fait pour vous aider et il commence à se lasser. »

Cette simple reformulation apaise. Parler de « problème avec l'alcool » plutôt que « d'alcoolique » offre, sans en avoir l'air, une conception fondée non pas sur une maladie ou un vice constitutif de la personne (alcoolique), mais sur une relation avec un objet dangereux. Connoter positivement le rôle du mari évite à la patiente de se victimiser. Dire qu'il « commence à se lasser » à la place de « il veut me quitter » ouvre la possibilité d'un recours, d'un délai si on arrive à faire évoluer la situation.

La reformulation, de proche en proche, offre au psy et au patient un langage commun qui n'enferme pas et permet de chercher ensemble des solutions. Quel que soit le modèle auquel on se réfère, il est important d'opérer le rapprochement des points de vue par le truchement du langage.

Je ne crois pas que l'absence de contrainte soit synonyme de liberté. La liberté consiste à choisir les contraintes que l'on s'impose. J'ai besoin de me sentir libre d'où mon refus d'appartenir à une école donnée. L'éclectisme en psychothérapie me permet de ne pas me sentir enfermée dans un carcan trop réducteur, même si j'ai beaucoup appris d'une formation structurée au plan théorique. Sans doute cette posture recouvre-t-elle une part d'illusion et un peu d'arrogance, mais j'y gagne car je me sens à l'aise et en cohérence avec ma vision du monde. C'est, me semble-t-il, l'essentiel pour être efficace.

POUR CONCLURE

À la fin de mes études de médecine, j'hésitais à m'engager dans une carrière de psychiatre. Je craignais, si je choisissais cette voie, de finir par porter un « regard psy » sur tout le monde. La plupart des psys que je connaissais m'agaçaient à cause de cette déformation professionnelle. Pour eux, tout homme méticuleux était obsessionnel, toute femme un peu extravertie, hystérique. Cette façon de considérer tout le monde à travers une supposée psychopathologie me semblait aussi prétentieuse que ridicule. Si c'était pour penser et parler comme ça, non merci !

Après toutes ces années de pratique, même si je me suis bien gardée d'adopter ce langage, force est de constater que j'ai été gagnée par une sorte de façon « psy » de voir le monde. Je l'ai dit à plusieurs reprises tout au long de ce livre, j'ai été transformée par ces années de pratique, je ne vois plus les relations humaines de la même façon qu'il y a quarante ans. Mais j'imagine qu'il en va de même pour tout le monde, nous sommes tous faits de ce que nous vivons. De quoi est fait selon moi ce fameux « regard psy » ? Il est forcément composite, constitué d'éléments habituellement considérés comme positifs et d'autres qui le sont moins. Ouverture d'esprit, intérêt pour autrui, conscience qu'il n'existe pas qu'une seule façon de penser et de fonctionner, mais aussi absence de crédulité voire méfiance, et cette tendance à l'interprétation de l'autre. Est-ce un bien, est-ce un mal ? Ce n'est pas à moi d'en juger.

J'ai utilisé mon expérience pour parler du métier de psy et de la façon dont je l'ai exercé toutes ces années. Le lecteur aura pu être surpris du peu de cas que je fais des travaux concernant la psychiatrie dite « biologique ». Les progrès de la neurobiologie, de l'imagerie cérébrale et de la neurochirurgie laissent espérer que bientôt l'ensemble des troubles psychiatriques seront décrits et soignés en s'appuyant sur ces nouvelles connaissances[1]. Je partage le scepticisme de certains neurobiologistes, qui remarquent que les découvertes concernant le fonctionnement du cerveau n'ont qu'un impact limité sur les pratiques soignantes. Il y a quelques années, la lecture de l'excellent livre d'Oliver Sachs *L'homme qui prenait sa femme pour un chapeau*[2] m'avait plongée dans un abîme de perplexité. Oliver Sachs est un neurologue anglais réputé qui décrit dans ce livre son expérience avec des patients présentant des symptômes surprenants, en apparence psychiatriques, en fait dus à des troubles neurologiques tous plus rares les uns que les autres. Je me suis alors dit que j'avais peut-être négligé cette possibilité pour certains de mes patients et porté ainsi des diagnostics erronés. Je me suis vite consolée, car Oliver Sachs traitait ces personnes de la même manière que moi mes patients : médicaments destinés à soulager certains symptômes, psychothérapie, soutien social et familial si besoin. La subtilité diagnostique proprement fascinante dont Oliver Sachs était capable ne changeait rien à la prise en charge. Mes patients n'avaient pas pâti de mon ignorance.

Je ne vois *in fine* qu'un seul intérêt pratique aux découvertes récentes des liens éventuels entre troubles neurologiques et pathologies psychiatriques, c'est de contribuer à déculpabiliser les patients et leur famille. Ce n'est pas mince, mais pour l'instant c'est tout. Le fossé entre les découvertes actuelles de la neurobiologie et leur application n'est pas près d'être comblé. La souffrance psychique n'est pas qu'une affaire de neurones, elle engage la vie sociale et relationnelle et doit être prise en compte pour ce qu'elle est. Bien sûr, les médicaments sont utiles, mais ils ne dispensent pas d'un travail psy dans toutes ses composantes, individuelle, sociale et familiale.

J'ai voulu transmettre à travers ce livre ce que j'avais appris durant toutes ces années passées à pratiquer, enseigner et former. Transmettre. Mais quoi ?

On voit ce que l'on croit. Il existe de multiples modèles de psychothérapie, aucun ne réussit dans toutes les circonstances, mais aucun n'échoue toujours. D'ailleurs, qu'est-ce qu'une psychothérapie réussie ? C'est très difficile à déterminer, chaque modèle a ses propres critères et il n'y a pas de moyen scientifiquement valide pour comparer les différentes modalités de psychothérapie.

Choisir son psy ? Certes, mais là encore on n'est sûr de rien. Vous pouvez cependant éviter les charlatans en vous assurant que votre psy est correctement formé et qu'il sera respectueux de votre liberté. Pour pratiquer la psychothérapie avoir un système, une école, un cadre rigide n'est pas indispensable, un certain éclectisme peut donner liberté et ouverture d'esprit.

Vous n'allez pas très bien mais vous ne voulez pas aller consulter ? Libre à vous de développer tous les arguments possibles et imaginables. Vous n'empêcherez pas la psy que je suis d'interpréter votre réticence en termes de résistance au changement et d'interpellation de votre entourage.

À défaut de donner une recette, ce livre vous permettra, je l'espère, de vous poser les bonnes questions.

NOTES BIBLIOGRAPHIQUES

1. Qui croit en Dieu verra des miracles

1. Ernaux A., *La honte*, Paris, Gallimard, 1996.
2. Roy O., *Le djihad et la mort*, Paris, Le Seuil, 2016.
3. Pour qui veut mieux connaître la pensée de Mony Elkaïm, le mieux est de lire *Si tu m'aimes ne m'aime pas*, Paris, Le Seuil, 1989.
4. Expertise collective Inserm, *Psychothérapie, 3 approches évaluées*, Paris, 2004, p. 12.
5. Cuvillier A., *Vocabulaire philosophique*, Paris, Armand Colin, coll. « Biblio essais », 1988.
6. Lacan J., *Variante de la cure type*, Paris, Le Seuil, coll. « Écrits », 1966, p. 324.
7. Expertise collective Inserm, réf. citée.
8. Gérin P., *L'évaluation des psychothérapies*, Paris, PUF, 1984.
9. Mamet D., *Engrenages*, 1988.
10. Yalom I. D., *Mensonges sur le divan*, Paris, Le Seuil, 2007.
11. Elkaïm M., *Si tu m'aimes ne m'aime pas*, livre cité.
12. De Funès J., *Le développement (im)personnel, le succès d'une imposture*, Paris, Éditions de l'Observatoire, 2019.
13. De Funès J., *Le développement (im)personnel, le succès d'une imposture*, livre cité, p. 60.

2. Dans la jungle des psychothérapies

1. *Les Échos* du 7 juin 2017.
2. Onfray M., *Le crépuscule d'une idole, l'affabulation freudienne*, Paris, Grasset, 2010.

3. MEYER C. (dir.), *Le livre noir de la psychanalyse, vivre, penser et aller mieux sans Freud*, Paris, Les Arènes, 2005.

4. KONDO M., *La magie du rangement*, Paris, First, 2015.

5. BARRAS C., et FUSSINGER C., « Histoire des psychothérapies », *Sciences Humaines*, Grands Dossiers n° 15, juin-juillet-août 2009.

6. D'après une étude réalisée par l'institut de sondage YouGov pour le magazine *Psychologies*.

7. ANZIEU D., *L'auto-analyse de Freud et la découverte de la psychanalyse*, Paris, PUF, 1959.

8. Cité par FICHTNER G., « Du traitement psychique à la psychanalyse », *Revue française de psychanalyse*, vol. 74, 2010.

9. JULIEN P., « L'approche freudienne de Lacan », dans ELKAÏM M. (dir.), *À quel psy se vouer ?*, Paris, Le Seuil, 2003.

10. *Ibid.*

11. *Lettres de l'École freudienne*, n° 7, p. 166.

12. Propos rapportés dans *Saturday Review*, 1971.

13. BETTELHEIM B., *La forteresse vide*, Paris, Gallimard, 1969, p. 171.

14. HALEY J., « *An Interactional description of schizophrénia* », *Psychiatry*, vol. 22, p. 321-392.

15. BATESON G., *La cérémonie du Naven*, Paris, Éditions de Minuit, 1971.

16. COUÉ É, *La méthode Coué*, 1926.

17. Auteur d'un best-seller mondial : *How to Win Friends and Influence People* paru en 1936.

18. Auteur de *Power of Positive Thinking* paru en 1952.

19. ANDRÉ C., « Une brève histoire du développement personnel », *Sciences Humaines*, vol. 23, juin-juillet-août 2011.

20. CHICHE S., « Y a-t-il des contre-indications à la psychanalyse ? », *Le cercle psy*, vol. 15, déc. 2014/jan-fév 2015.

21. BRUNNER R., *Coaching et psychothérapie*, static.convergencerh.com.

3. *The proof of the recipe is in the pudding*

1. Expertise collective Inserm, *Psychothérapie, 3 approches évaluées*, Paris, 2004.

2. *Ibid.*, p. XI.

3. Miller J.-A., et Milner J.-C., *Voulez-vous être évalué ? Entretien sur une machine d'imposture*, Paris, Grasset, 2004.

4. Cité par Favereau É., « Le rejet, par Douste-Blazy, d'un rapport de l'Inserm, a mis le feu aux poudres. Les fils de Freud et de Lacan renouent avec le psychodrame », *Libération*, 22 février 2005.

5. Entre autres : Schepens P., « Le rapport de l'Inserm sur les psychothérapies : quelques points d'analyse », *Cliniques méditerranéennes*, Érès, vol. 71, 2005, p. 71-87 ; « Psychothérapies : quelle évaluation ? », table ronde avec Castel P.H., Perret B. et Thurin J.-M., *Esprit*, novembre 2004, p. 156-174.

6. Sur le site *forum.doctissimo.fr*.

7. Jean de La Fontaine, « Le Corbeau et le Renard », *Fables*.

4. Choisir son psy

1. Favereau É., *Libération*, 27 décembre 2007.

2. www.ac-orleans-tours.fr.

3. Elkaïm M., « À propos du concept de résonance », *Cahiers critiques de thérapie familiale et de pratiques de réseau*, vol. 45, 2010, p. 171-172.

4. Freud S., *De l'engagement du traitement*, 1913.

5. Marzano M., « Qu'est-ce que la confiance ? », *Études*, vol. 412, 2010, p. 53-63.

6. Marzano M., *Éloge de la confiance*, Paris, Hachette pluriel, 2012.

7. Simmel G., *Sociologie. Étude sur les formes de la socialisation*, Paris, PUF, 1999.

8. Laurens S., *Manipulations et influences. Réalités et représentations à travers deux siècles d'études*, Rennes, Presses Universitaires de Rennes, 2017.

9. Joule R. V., et Beauvois J. L., *Petit traité de manipulation à l'usage des honnêtes gens*, Grenoble, Presses Universitaire de Grenoble, 1987.

5. Cinq (bonnes ?) raisons de ne pas aller voir un psy alors qu'on pourrait en avoir besoin

1. De Foucher L., et Frey J. (réal. et scénario), *Féminicides, l'affaire de tous*, 2020.
2. Film américain réalisé par Kenneth Lonergan en 2016.
3. Article premier de la Déclaration universelle des droits de l'Homme.
4. Canguilhem G., *Le normal et le pathologique*, Paris, PUF, coll. « Quadrige », (1943), 2005.

6. Éloge de l'éclectisme en psychothérapie

1. Diderot D., *L'encyclopédie*, 1re éd., t. V, 1751, p. 270-293.
2. Selvini Palazzoli M., Selvini M., Cirillo S., et Sorrentino M. A., *Les jeux psychotiques dans la famille*, Montrouge, ESF, 2016.
3. Ce qui est le cas dans *Mensonges sur le divan* d'Irvin Yalom.
4. Yalom I. D., *Le jardin d'Épicure*, Paris, Le Livre de Poche, 2009.
5. *Ibid.*, p. 291.
6. Onfray M., *Le crépuscule d'une idole, l'affabulation freudienne*, Paris, Grasset, 2010.
7. En particulier : Roudinesco É., *Mais pourquoi tant de haine ?*, Paris, Le Seuil, 2010.

Pour conclure

1. Ces remarques sont inspirées par un article de François Gonon, « La psychiatrie biologique, une bulle spéculative ? », revue *Esprit*, novembre 2011.
2. Sachs O., *L'homme qui prenait sa femme pour un chapeau*, Paris, Le Seuil, 1992.

REMERCIEMENTS

À Mony Elkaïm pour ce qu'il m'a appris et transmis ;

À Olivier Wieviorka qui m'a incitée à me remettre au travail ;

À Olivia Recasens qui m'a accompagnée tout au long de la rédaction de ce livre ;

Et à tous les contributeurs involontaires, patients, collègues, famille, amis, dont ce livre est nourri.

À paraître en janvier 2021

Olivier Luge

La vague

Au cœur de la tempête

13 janvier 2021 / 16,5 × 24 cm / 128 p.

Un étudiant en médecine en pleine crise de vocation, des médecins paramilitaires ou très zen, des infirmières rebondissantes et des patients tenaces tentent ensemble, sous une averse de consignes sanitaires contradictoires, de ne pas boire la tasse. Bienvenue dans la vague du Covid sur laquelle surfe Cov le virus, teigneux et animateur d'une chaîne YouTube diffusant des *fake news*.

Avec sensibilité et humour, Olivier Luge, médecin au CHU de Lyon, nous plonge au cœur d'un grand hôpital confronté à la pandémie.

L'épidémie de Covid-19, racontée… en bande dessinée !

Olivier Luge est en fait le docteur Olivier Lejeune, praticien hospitalier en addictologie à l'hôpital de la Croix-Rousse dans le CHU des Hospices Civils de Lyon. Passionné par le dessin, il s'y adonne dès qu'il a du temps libre. Il s'est ainsi engagé dans des projets collaboratifs (spectacles vivants, illustrations de haïkus…) et a notamment publié huit histoires courtes (collectif Bermuda, Expe éditions).

Nicolas Mathevon
Les animaux parlent
Sachons les écouter
Illustré par Bernard Mathevon
27 janvier 2021 / 15 × 22 cm / 500 p.

Striduler, rugir, hululer, grincer, pleurer, crisser, feuler, grogner, siffler… que se cache-t-il derrière ces bruits animaux ? Et peut-on percer leurs mystères ?

Du Brésil à la mer du Nord, de la moiteur de la jungle amazonienne aux étendues glacées de l'Arctique, depuis les pleurs des petits crocodiles jusqu'aux joutes sonores des éléphants de mer, le biologiste Nicolas Mathevon, spécialiste du comportement animal, dévoile la diversité des vocalisations animales. Avec lui, nous apprenons comment elles leur permettent d'exprimer leurs émotions, de choisir un partenaire, de ruser, de savoir qui domine et qui se soumet, de marquer son territoire, d'appeler à l'aide…

Pour la première fois, un livre donne des clés pour comprendre le grand concert du vivant !

Nicolas Mathevon est biologiste spécialiste du comportement animal, professeur à l'université de Saint-Étienne, membre senior de l'Institut universitaire de France et explorateur pour la National Geographic Society. Il étudie les communications acoustiques animales et humaines depuis presque trente ans, a fondé une équipe de recherche dédiée à la bioacoustique (l'équipe de Neuro-Ethologie Sensorielle, CNRS à l'université Jean Monnet Saint-Étienne) et préside actuellement l'International Bioacoustics Society (IBAC).

À paraître en février 2021

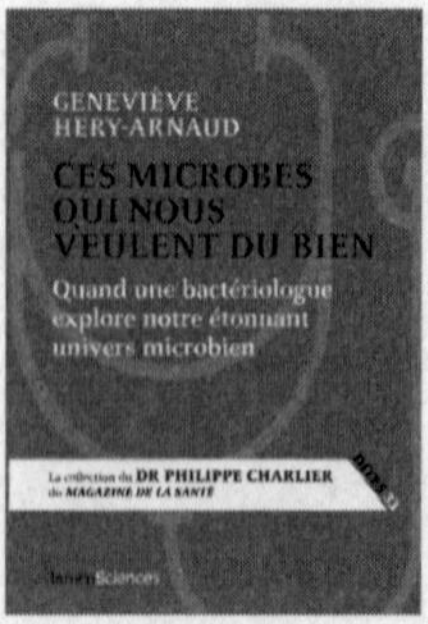

Pr Geneviève Héry-Arnaud

Ces microbes qui nous veulent du bien

Collection « Dites 33 »

10 février 2021 / 14 × 20 cm / 232 p.

Ils sont partout. À la surface de notre corps, sur notre peau et nos muqueuses, dans notre estomac et notre foie… D'innombrables microbes forment le « microbiome ».

Comment ce monde caché au cœur de notre organisme, si riche et si fécond, influence-t-il notre santé ? Que révèle-t-il de notre façon de vivre ? Que dit-il de nos futures maladies ?

C'est à ce voyage à l'intérieur de nous-mêmes que nous convie ce livre. On verra, par exemple, que le plus sain n'est pas forcément le plus propre, que nous respirons grâce aux bactéries qui peuplent nos poumons, que l'accouchement par voie basse favorise la mise en place d'un microbiome intestinal équilibré ou encore que les microbes de notre peau nous protègent des agresseurs extérieurs.

Avec précision, dans un langage clair et non dénué d'humour, Geneviève Héry-Arnaud raconte la vie de cette « faune » microbienne que nous abritons et délivre de précieux conseils pour en tirer profit.

Après avoir lu ce livre aussi sérieux qu'attrayant, vous comprendrez ce que sont les microbes qui nous veulent du bien !

Le professeur **Geneviève Héry-Arnaud** est pharmacienne bactériologue au CHU de Brest et dirige le groupe de recherche Microbiota de l'Inserm (Institut national de la santé et de la recherche médicale).

Cet ouvrage a été mis en pages par IGS-CP (16)

Achevé d'imprimer en France en novembre 2020
par Normandie Roto Impression s.a.s.
61250 Lonrai
N° d'impression : 2004487

IMPRIM'VERT®

PEFC 10-31-2541 / Certifié PEFC / Ce produit est issu de forêts gérées durablement et de sources contrôlées. / pefc-france.org